우리에게는 아직 시간이 있습니다

생명살림 노장청기후연대 제안

정성현, 전범선 지음

우리에게는 아직 시간이 있습니다

생명살림 노장청기후연대 제안

초판 1쇄 인쇄	2023년 5월 26일
초판 1쇄 발행	2023년 5월 29일
초판 2쇄 발행	2023년 12월 26일

지은이	정성헌, 전범선
기획	한윤정
편집	우석영
표지디자인	고래의노래디자인
본문디자인	디자인오팔
본문일러스트	이창훈
인물사진	편지지
펴낸곳	산현재 傘玄齋 The House of Wisdom under Shelter
등록	제2020-000025호
주소	서울시 마포구 연희로 11. 5층 CS-531
이메일	thehouse.ws@gmail.com
인스타그램	wisdom.shelter
인쇄	예림인쇄
제책	예림바인딩
물류	문화유통북스

ISBN	979-11-980846-2-0 03300

우리에게는 아직
시간이 있습니다

차례

유홍준
미술사학자, 한국학중앙연구원 이사장

저와 이 책을 쓴 정성헌 형과의 오랜 인연에는 작년에 돌아가신 위대한 시인이자 사상가인 김지하 형님이 계십니다. 김 시인은 1980년대 초, 그 암울한 세상에 눈을 번쩍 뜰 생명운동을 제시한 큰 사람입니다. 정성헌 형은 생명공동체 운동의 대중적 실천가입니다. 기후위기! 상황은 긴박하고 시간은 촉박합니다. 지금 바로 행동하고 실천할 때입니다.

윤정숙
녹색연합 공동대표, 60+기후행동 운영위원

"노년이 달라져야 미래가 달라진다"고 선언했습니다. 2022년 1월 창립한 '60+기후행동'은 우리가 물려받은 세상보다 미래세대의 더 큰 미래, 더 좋은 미래를 위해 행동하겠다고 약속했습니다. 그날 청년 기후행동가들은 신이 나서 연대사를 하며, 60+를 힘껏 격려해주었습니다. 정성헌 선생님은 축사에서 참 잘한다, 노장청이 만나야 한다며 저희를 힘껏 부추겨주셨습니다. 청년 전범선은 화답합니다. '어른에게서 미래를 본다', '나도 저렇게 늙고 싶다'며 '생명살림 노장청연대'를 제안합니다. 눈물 나도록 기쁘고 든든합니다. '지구 기온 상승 마지노선 1.5도 5년 내 뚫릴 가능성'을 우려하는 지금, 노년 정성헌과 청년 전범선은 서로에게 미래가, 서로가 희망의 존재가 되자고 합니다. 세대를 넘어선 아름답고 힘찬 대화에서 희망을 만납니다.

이진순
재단법인 와글 이사장

정성헌 선생의 말씀은 단순하고 깊다. 혁명적이고 따뜻하다. 선생은 '밥'과 '불'과 '물'의 문제를 해결할 실용적 대안을 제시하는 대중운동가이자, 이념과 투쟁의 낡은 담론을 뛰어넘어 모두가 함께 살 길을 열어가는 미래 설계자이자, 광대한 우주 생명살림의 지혜를 깨우쳐 주는 사상가이다. 이 시대 가장 혁명적인 실천운동가 정성헌과 '죽임의 메커니즘'을 거부하는 청년 전범선의 대화는 우리를 새로운 문명전환의 길로 안내한다.

김재형
이화서원 대표

도덕경에 음성상화音聲相和라는 말이 있습니다. 음성音聲을 우리는 한 단어로 이해하는데, 말하는 소리 음(音)과 듣는 소리 성(聲)의 합성어입니다. 정성스럽게 말하고 귀담아 듣는 마음에서 이루어지는 평화가 음성상화音聲相和입니다. 정성헌, 전범선 두 분이 누린 음성상화의 평화가 아릅답습니다. 이 책에서 제안하는 '생명살림 노장청기후연대' 제안은 동아시아의 오랜 지혜에 기반을 둔 철학적 성찰과 다양한 사회운동의 경험에서 나온 현실적 감각을 가지고 있습니다. 두 분의 제안이 우리 사회에 자리잡길 기도합니다.

조현
한겨레신문 종교전문기자

휴대폰을 꺼내 가장 자주 보는 것이 날씨다. 미세먼지가 있지는 않은지, 비가 오지는 않은지, 얼마나 더운지 날씨에 이토록 민감하면서도, 혹독한 기후위기가 나의 삶과 직결돼있다고 여기는 사람은 거의 없다. 정성헌 선생님이 귀한 것은 실천적 삶 때문이다. 기후위기가 임계점을 넘어서고 있다는 경고에도, 'UN도 못하고, 세계 최고의 명사들도 어쩌지 못하는 것을 나 하나가 나선다고 뭐가 달라지겠는가'라고 하나같이 손을 놓고 있을 때, 혼자서라도 사과나무를 심는 그런 우둔한 실천 말이다. 일상에서 자기 방에서조차 되도록 전기를 끄거나 최소한의 불만 밝힐 정도로 살아가는 그 1인의 실천이야말로, 내겐 어느 정치인의 웅변보다 큰 울림을 준다.

그런 어른을 찾아보기도 어렵지만, 또한 그런 어른을 찾아나서는 젊은이도 찾아보기 어렵다. 전범선의 발걸음은 그래서 더욱 귀하다. '나 하나 나선다고 세상이 달라지겠냐'고 손을 놓고 있는 어른들을 부끄럽게 만드는 걸음이다. 어떻게 이런 어른과 이런 젊은이가 만났을까. 눈 먼 거북이가 바다 한가운데서 100년 만에 한 번씩 물 위로 올라오는데 우연히 그 위를 떠다니는 구멍 뚫린 나무 판자에 목이 낄 확률을 맹구우목盲龜遇木이라고 한다. 인간으로 태어나기도 어렵고, 전쟁 없고 기아 없는 이런 태평성대를 사는 것은 더욱 어렵다. 그러나 이제 지구가 내 자식과 내 손주대에도 이렇게 지속되리라 예상하기는 더더욱 어려워졌다. 그 어렵고 어려운 중에 정성헌·전범선의 만남은 깜깜한 밤에 터진 조명탄이다. 이 조명탄이 켜져 있을 때 어두운 밤바다 위로 올라가 이 '지혜의 서'를 읽고 싶다.

이병한
미래사학자, 태재홀딩스 연구위원, 다른백년 이사장

가장 존경하는 선생님과 가장 기대하는 후생님이 만나 절묘한 화음을 빚어낸다. 어른다운 어른과 청년다운 청년이 세대를 넘어 어우러져 아름다운 미래를 그려낸다. 책장을 넘길수록 불안하고 불길했던 다음 10년의 전망이 시나브로 걷히고 나간다. 도리어 생명이 약동하는 문명으로의 대약진을 예감하는 설렘임으로 앞으로 10년을 채비하게 되는 것이다. 싹에서 숲으로— 생명문명으로 이행하는 대장정의 결정적 이정표로 기억될 이 복음서의 탄생을 사방팔방 만방에 기쁘게 고하는 바이다. 그리고 바로 제가 이 두 사람을 연결해 주었습니다! 10년 후에도 30년 후에도 두고두고 오래 생색을 낼 것이다.

줄리안 퀸타르트
방송인

"어차피 끝났잖아?"라며 기후위기와 생명의 위기에 대한 관심을 상실했다고 생각되는 순간들이 있다. 특히 기성세대의 움직임이 보이지 않아 더욱 그렇게 느끼지만, 이 대담을 통해 그것이 잘못된 생각임을 깨닫게 된다. 정성헌 선생님의 삶이 그 증거다. 하면하는 대한민국을 보며 희망을 얻으면서 "우리에겐 아직 시간이 있다"는 생각이 든다. 전범선님의 행보가 내게 원동력을 준 것처럼, 이 대담 덕에 얻은 힘과 용기를 통해 모두가 협력하며 새로운 길을 찾을 수 있기를.

장혜영
정의당 국회의원

밥이든 일이든 삶이든 '찢고' '조지고' '죽이지' 않으면 도저히 살아갈 수 없는 시대, 인간과 비인간이 다 같이 죽지 않고 잘 사는 것은 가능할까? 다른 말로, 미래에 대한 희망이 아직 우리에게 남아있을까? 이 책에 그 답이 숨어있다. 공생의 미래를 꿈꾸는 청년 전범선의 치열한 절망은 어른 정성헌이 평생을 갈고 닦아온 성실한 희망을 만나 '생명살림 노장청기후연대'라는 새로운 실천경로로 승화한다. 이 책을 읽고 나면 알게 될 것이다. 지금의 시대정신은 '세대갈등'이 아니라 '세대연대'다. 노인은 청년의 미래이고, 청년은 노인의 미래다. 우리는 서로의 미래다.

김찬휘
녹색당 대표

기후위기의 극복은 어떻게 가능할까? 기후위기를 낳은 시스템의 전환 없이는 불가능할 것이다. 더 많은 이윤을 추출하기 위해 자연과 생명을 약탈해 온 무한성장 시스템으로부터의 탈피는 필수적이다. 하지만 사회·경제 시스템의 전환으로 충분할까? 우리에게 정말 필요한 것은 다른 목소리를 들어줄 여백, 타인의 어려움에 공감할 수 있는 능력, 나의 것을 내어줄 수 있는 호혜의 기꺼움이 아닐까? 우리에게 진정 부족한 것은 1.5도를 지키기 위한 '탄소예산'만이 아니라, 난세를 어울려 살아가기 위한 '마음의 예산' 아닐까? 나이를 뛰어넘고 지역을 가로질러 만남과 나눔을 이어가는 두 분의 대화 속에서, 기후위기 시대를 이겨낼 살림의 지혜를 발견한다.

이지연
동물해방물결 대표

한국DMZ평화생명동산 정성헌 이사장님의 도움이 있었기에, 국내 최초로 구조된 6명의 소들은 평생 죽임당하지 않고 안식할 수 있는 땅을 얻었다. 동물해방물결의 청년 활동가 또한 숨통을 트일 보금자리를 얻고, 지역에서 실천적 운동을 펼쳐갈 용기와 구체적 방법을 얻었다. 답이 보이지 않을 때, 앞서 간 세대의 경험과 지혜, 조력을 얻을 수 있음은 얼마나 소중한가? 얼핏 불가능해 보이는 과업도 노장청이 협력해 아름답게 이뤄내는 기적을 경험한 사람으로서, 더 많은 이들이 이 책을 통해, 현장에서, 생명살림 노장청기후연대에 동참하는 미래를 그려본다.

2020년 10월

책방 풀무질 모임에서 어느
회원이 전범선에게 당시
새마을운동중앙회장 정성헌 관련
기사를 공유하다.

2021년 7월 27일

보금자리 터를 수소문하던 전범선이
한국DMZ평화생명동산에서
정성헌 이사장을 처음 만나다.

"젊은이들이 소 생명까지 살리겠다고 하니
그것 참 아름다운 거지."

2021년 8월 7일

정성헌 이사장의 주선으로 인제군 서화면
하늘내린목장(권충교 대표)에 소들의
임시보호처를 마련하다.

전범선, 정성헌을 만나다

2021년 2월

전범선이 속한 동물해방물결이
인천 계양산 불법 개농장 옆에서 사육되는
소 15명을 만나다. 개들은 다른 시민단체가
구조했으나 소들은 보금자리가 필요한 상황.

2021년 5~7월

동물해방물결
<인천 소 살리기 프로젝트>를 진행하다.
3개월 만에 1684명 참여, 총 46,221,976원 모금.

2021년 12월

인제 로컬투어사업단
주선으로 동물해방물결과
신월리(달뜨는마을)가
처음으로 만나다.

2022년 1~4월

동물해방물결
<꽃풀소 살림 프로젝트>를 진행하다.
들꽃과 들풀의 이름을 딴 '꽃풀소'들의
보금자리 마련을 위한 기금 모금.

2022년 2월

신월리 마을운영위원회 대상
신월분교 내 소 보금자리 조성
관련 설명회를 개최하다.

2022년 4~5월

신월리 마을총회에서
인제 '비건청년마을' 사업을
주민들에게 설명하고
주민 동의를 얻다.

우리에게는 아직 시간이 있습니다

2022년 6월 30일

동물해방물결 × 신월리달뜨는마을
업무협약서를 체결하다.

2022년 11월 10일

꽃풀소 5명(머위, 엉이, 메밀, 부들, 창포)이
'달뜨는보금자리'에 입주하다.

2022년 11월 21일

정성헌,
제24회 심산상을 수상하다.
상금 전액을
후배 운동가들을 위한
책 제작에 쓰기로 하다.

2023년 1~4월

《우리에게는 아직 시간이 있습니다》
원고를 위한 정성헌-전범선 대담을 총
7회, 한신대 생태문명원에서 진행하다.

우리에게는 아직
10년의 시간이 있습니다

지난 해 11월, 심산心山 김창숙金昌淑 연구회는 저에게 심산
상과 상금 1000만원을 주셨습니다. 심산상이 각별한 것은, 선생님
의 가르침을 바탕에 두고 180여 회원들이 스스로 시간과 돈을 내
어 운영하고, 상금도 회원들의 성금으로 마련하기 때문입니다.

상을 받고 두 가지 일을 했습니다. 하나는 심산 선생님의
묘역에 선생의 뜻을 상징하는 나무를 심은 일입니다. 또 하나는
바로 이 책《우리에게는 아직 시간이 있습니다》를 만든 일입니다.

잘 아시다시피, 심산 선생님은 민족의 자주독립과 겨레의
하나 됨 그리고 인재양성과 민주주의를 위해서 온 마음 온 몸을 바
친 분입니다. 그래서 인재양성하는 교육의 공간에 심는 나무인 회
화나무를, 겨레의 하나 됨을 위해서는 남쪽의 무궁화와 북쪽의 함
박꽃을 심어드렸습니다. 함박꽃나무 묘목을 구하지 못해 대한민
국의 나라꽃 무궁화만 심었습니다. 이즈음의 남북관계 같아서 마
음이 편치 않았습니다만, 올 가을에도 내년 봄에도 함박꽃 묘목을

구해서 꼭 심어드리려 합니다.

갈라진 한겨레가 하나 된다는 것! 그것이 보통의 정성으로 되겠습니까?

우리의 통일은 남과 북의 통일과 사람과 자연의 통일을 통일하는 한반도 생명공동체 만들기 과정이며 내용이라고 생각합니다. 따라서 우리의 통일은 겨레의 새로운 삶의 양식을 모색하고 실현하는 한겨레의 진보요, 기후위기와 생명 절멸의 위기에 허덕이는 인류에게 새로운 문명, 곧 생명의 문명을 창조하는 인류의 전진이 되어야 한다고 생각합니다.

이 책 《우리에게는 아직 시간이 있습니다》를 만들기까지는 여러 사람의 생각과 노력 그리고 인연이 있었습니다.

대부분의 사람들은 기후위기를 자기 문제처럼 걱정합니다. 2021년 12월 시사인과 한국리서치의 '제3차 기후위기 인식조사'를 보면, 기후위기와 환경 문제를 자기 문제처럼 느끼는 사람들이 64.5%나 됩니다. 더욱 중요한 것은, 10대와 20대는 54.7%가 이 문제를 심각하게 받아들이지만, 60대 이상은 70.9%가 그렇다는 응답 결과입니다.

기후위기, 생명의 위기를 극복하는 유일한 길은 '대전환'입니다. 생각을 바꾸고, 생활을 바꾸고, 사회구조를 바꾸고, 문명의 뿌리를 바꾸는 일입니다. 이 일은 기존의 인식과 실천을 포함하면서도 넘어서는 새로운 차원 향상이며 실천입니다. 예컨대, 민주시민을 넘어 천지인민天地人民이 운동 주체가 되어, 인간사회 민주주의를 넘어 생명사회 민주주의로, 일국을 넘어 지역 다자연합국가로…. 그러니 이념과 성별, 종교, 세대 등 숱한 차이와 갈등은 오히려 새로운 생명사회와 새로운 문명양식을 창조하는 동력으로 이해되고 작동되어야 합니다. 그래서 이 책에서는 '생명살림 노장청 기후연대'야말로 기후위기 대응운동으로서 자연스러운 형식이라고 말합니다. 기후정의 · 환경정의 운동 역시 그 올바름은 인정하지만, 인류가 그간 자연을 지배 · 착취해온 거대한 불의에 대해서는 반성이 부족하다고 말합니다.

이런 얘기가 책으로까지 나오게 된 것은, 동물해방물결의 일꾼이자 밴드 '양반들'의 꼭두쇠(리더)인 30대 초반 청년 전범선님의 몫이 특히 중요했고, 생태문명원의 한윤정 대표 그리고 학문과 출판운동을 함께하고 있는 우석영 선생의 구체적인 노력이 있었기에 가능했습니다.

저는 이 책이 많이 팔리기를 고대하고 있습니다. 책의 내용은 저의 실력이 얕으니 이 정도일 수밖에는 없지만, 기후위기를 극복 · 완화하고 거기에 적응하려는 그야말로 총체적인 노력이 시급하다는 인식, 그 운동의 힘은 보통 사람들의 '삶의 현장'에서 분출할 것이라는 운동적 직관, 그리고 이 과업은 반드시 성취해야만 한다는 절실함이 누구보다도 크고, 그간의 실천 경험을 나누고자 하는 마음이 뜨겁기 때문입니다.

16세기 말, 왜군이 조선을 침략하고 백성들은 오직 고난을 생업으로 삼고 무도무자비한 왕과 지배세력은 자기 안위에만 급급할 때, 이순신 장군은 무기를 든 군사백성과 농사도구를 든 일반 백성들과 함께 "신에게는 아직 열두 척의 배가 있습니다"라고 결심·선언하고, 바로 그 마음으로 왜적을 격파했습니다.

하늘이시여! 땅이시여! 바다이시여!

우리에게는 아직 10년의 시간이 있습니다.

저희들이 온 마음 온 몸으로 생활현장의 뭇 천지인민과 함께 생명의 길, 새로운 길을 가겠나이다. 스스로. 함께. 꾸준히!

2023년 봄철,
꿀벌과 나비가 엄청나게 사라진
논, 밭, 산을 걱정하며
정성헌 모심

어른에게서
미래를 보다

저는 솔직히 윗세대에 대한 불만이 많습니다. 기후생태위기 때문입니다. 산업화와 민주화를 이룬 것은 분명 대단한 업적입니다. 덕분에 MZ라고 불리는 저희 세대는 부유하고 자유로운 대한민국에 살고 있습니다. 서구 열강이 강요했던 근대의 조건을 모두 충족해서 이제는 선진국으로 인정도 받고 소위 '글로벌 스탠다드'에 부합하는 나라가 되었습니다. 말하자면 대한민국은 동양 속의 서양으로 거듭난 것이죠. 그런데 과연 우리는 행복할까요? 미래와 희망이 보이는 나라에 살고 있나요?

자살률은 최고, 출산율은 최저입니다. 세계에서 가장 살기 힘든 나라입니다. 생명의 위기란 비단 자연환경의 문제만이 아니죠. 동식물뿐만 아니라 인간 생명도 살아남기 힘든 사회입니다. "죽이네!", "미쳤네!"가 최고의 찬사이고 "파이팅(싸우는 중)!"이 격려사인 나라. 저는 대한민국이야말로 참 "죽이는" 나라가 아닌가 싶습니다. 나누고 가두고 싸우도록 생명을 움직이는 방식. 다시

말해, 죽임의 메커니즘이 지배하는 곳에서 우리 모두 아등바등 살아가고 있습니다.

물론 기후생태위기는 한국뿐만 아니라 전 세계의 문제입니다. 서구 근대 문명, 산업 문명의 병폐이지요. 다만 한국이 가장 압축적으로 근대화를 이뤘기 때문에 증상도 가장 심각합니다. 인간과 비인간자연의 분리, 남과 북의 분단, 영남과 호남의 대립, 세대간의 단절, 그리고 젠더 갈등까지. 죽임의 메커니즘은 지난 백년간 한반도 생명공동체를 나누고 나눴습니다. 오늘날의 젊은이들은 더 이상 나눠질 것이 없어서 정신마저 분열되고 있지요. 저는 다 같이 죽지 않고 살 길을 찾고 있었습니다. 그러다 정성헌 선생님을 만났구요.

발단은 소였습니다. 2021년 초, 동물해방물결 동지들은 인천의 한 불법 농장에서 소들을 만났습니다. 생명을 오직 고기로만 치부하는 현실이 끔찍했습니다. 그래서 소들을 살리기로 결심했어요. 2천 명에 가까운 이들이 힘을 모아서 구조할 수는 있었지만 정작 소들을 보호할 안식처가 없었습니다. 꽤 큰 땅이 필요했죠. 그런데 지방에서는 이런 일을 하려면 반드시 도와주는 어른이 있어야 한다고 누군가 조언을 해줬습니다. 수소문해서 찾아간 곳이 바로 인제군 서화리에 있는 한국DMZ평화생명동산입니다. 정성헌 선생님은 소들을 살리겠다는 젊은이들의 황당한 패기를 진심으로 이해해주셨어요. '비건'이나 '동물해방' 대신 '생명살림'의 언어로 우리를 품어주셨죠. "젊은이들이 소 생명까지 살리겠다고 하니 그것 참 아름다운 거지."

이후 2년간, 선생님과 가까워지면서 신기한 변화가 있었습니다. 먼저, 거대한 뿌리를 찾았어요. 동학부터 한살림까지 이어져 오는 생명살림운동의 역사를 되짚으면서 문명전환의 가능성을 보았습니다. 소용돌이 같은 근대화 과정에서 살아남은 이 땅의 공동체 문화를 찾은 것이죠. 사실 동물해방, 기후정의 모두 서구 담론입니다. 하지만 알다시피 한반도에서는 서양 선교사들이 오기 전까지 소젖은 먹지도 않았습니다. 소고기도 거의 안 먹었고요. 소가 식구였으니까요. 나와 너를 나누지 않고, 인간과 비인간자연을 나누지 않는, 모두가 한살림 한식구라는 생각에서 저는 서구 근대 문명에 대한 본질적인 대안을 발견했습니다.

더 중요하게는, 미래에 대한 희망을 얻었습니다. 할아버지뻘 되는 정성헌 선생님을 만날 때마다 저는 끝없는 낙관에 놀랍니다. 젊은이들이 좌절하고 절망하고 있을 때 선생님은 오히려 미래를 준비하십니다. "우리에게는 아직 10년이 남았다"면서 저를 다그치시죠. 따르고 싶은 어른이 생기니 앞길이 보입니다. 저는 고작 6년차인데, 선생님은 운동만 60년 하셨습니다. "나도 저렇게 늙고 싶다." 역설적이게도 먼저 태어나신 '선생님'에게서 저의 미래를 봅니다.

원래 공동체란 그런 것 아닐까요? 어른은 아이에게서 미래를 보고 아이는 어른에게서 미래를 보는 게 지극히 당연합니다. 다만 요즘은 세대 사이에 대화가 없으니 그럴 기회가 없었던 것이죠. 제가 선생님에게서 희망을 얻었던 것처럼 선생님도 저에게서 미래를 볼 수 있으면 좋겠습니다. 서양의 기후정의 운동은 한마디로 세대 전쟁입니다. 그레타 툰베리라는 소녀가 UN에 모인 어르신들에게 외쳤죠. "니들이 어떻게 감히! How dare you!" 세대를 갈라치기하는 기후운동은 실패할 수밖에 없습니다. 노장청이 함께 힘을 모아도 될까 말까니까요. 생명의 위기를 극복하는 문명의 대전환은 3·1 운동 때처럼 전 국민이 나서야 가능합니다.

생명살림 노장청기후연대를 제안합니다. 말이 어렵지만, 다 같이 살 길을 찾기 위해 모두를 살리자는 뜻입니다. 우리에게는 아직 시간이 있습니다. 남녀노소 할 것 없이 생명을 살리는 사람들이 모여서 힘쓰면 미래가 보이고 희망이 보일 겁니다. 아직 저를 못 믿으시겠다면 정성헌 선생님의 말씀을 한번 읽어보세요. 여러분도 저처럼 신기한 변화를 경험하실지도!

2023년 봄
해방촌에서
전범선 모심

우리에게는 아직 시간이 있습니다

첫째 마당
생명의 길

왜 생명을
말하는가?

전범선 기후위기나 생태위기, 이런 말을 많이 합니다.
기후생태위기라고도 하고요. 그런데 그런 말보다는 '생명
의 위기'라는 말씀을 많이 하세요. 위기라는 맥락을 떠나서
라도 생태나 환경이라는 말보다는 '생명'이라는 말을 쓰시
고 계시고요. '생명사상'이라는 말 자체가 어떻게 보면 한국
에서 많이 쓰는 말이잖아요. 물론 서양에서도 라이프life 이
야기를 하긴 하지만 생명이 하나의 사상으로서, 절대적인
가치로서 이야기되는 건 서양 생태 담론과는 또 다른 것 같
아요. 그래서 '생명'이라는 말부터 이야기해보고 싶습니다.
약간 무거울 수 있지만 이것부터 말해보면 좋겠습니다.

'생명'이라는 말에는 삶이나 목숨 같은 뜻도 있지만,
선생님은 새로운 문명과 새로운 사회에서의 핵심 지향가치
로서 생명을 말씀하시거든요. 왜 생명인지, 그게 우선 궁금
하고요. 언제부터 이 생명이라는 가치를 중요하게 생각하
게 되셨는지, 언제부터 생명의 길에 접어들게 되셨는지, 그
역사적 시점도 궁금합니다. 생명이라는 화두를 처음 잡으

신 게 언제일까요? 1964년도 한일협정 반대하실 때는 생명 운동을 하신 건 아니잖아요.

정성헌   극히 개인적인 이야기인데, 내가 나의 생명에 대해서 깊이 생각하고 위기를 느낀 것은 우리나라 정치사회환경 때문이었어. 그러니까 1973년이지, 내가 화병에 걸렸어요. 나이가 20대 후반인데 동가식서가숙東家食西家宿하며 살 때지. 그때 후배네 집에서 무슨 얘기를 하다가 화가 나서 내가 쓰러져버려. 그래 사람들이 나를, 우석병원일 거야, 병원에 데려가서 산소호흡을 하고 열몇 시간인가 후에 깨어났거든. 그런데 담당 의사가 무슨 병인지를 몰라. 무슨 병인지 알아야 고칠 거 아냐. 그랬는데 그때 고려대학교 앞에 한의원이 하나 있었어. 거기 들러 물어보니 그 한의사가 "자네 화병에 걸렸네." 그래. 그런데 "어떻게 20대 후반에 화병에 걸리냐, 이건 약이 없고 자네가 수양을 해, 그래서 깨우쳐야 살아나네." 그래. 야, 이게 막막하지.

그런데 화가 날 만했지. 내가 64학번인데 한일협정반대시위로 구속이 돼요. 그리고 1969년에 고대를 졸업했는데 당시에는 노동자들을 조직해야 한다는 당위가 있었어. 우리 집은 농사짓는 집안인데, 당시 우리사회의 모순이 노동에 쏠려 있었어. 광주대단지(지금의 성남시) 폭동이나 전태일 분신, 이런 사건이 1970년대 초반에 터지다보니 급선무로 노동 문제가 이야기되었고, 그래서 노동자를 조직해야 한다는 생각이 강했지. 1971년도 가을인가 장일순 형님 원주 봉산동 자택에서 일순 형님하고 지하 형하고 이런 이야기를 하는데, 그 지하 형이 좀 입심이 좋으냐고. 자기 작품 구상 얘기를 하는데, 일순 형님은 술을 잘 안 하니까 둘이서 소주를 열 병이나 마셨을 거예요. 소주를 안주도 없이 그냥. 그런데 노동자 조직을 하기로 해서 본격적으로 움직이려고 하던 중 비상사태가 선포됐다고. 당시 헌법에서는 비상사태를 선포할 수 있었어. 그래서 모든 활동이 중단되니 화가 무척 났지. 그리고 1972년에 유신이 터져. 그러니 더 화가 났지. 이게 쌓여서 화병이 된 거야.

그래서 수양을 해야 한다 하니, 우리 시골 집으로 일단 갔지. 수양이 뭔지 내가 아나, 그때가 스물 일곱인가 그런데, 뭘 모르잖아. 뒷산 좀 다니고, 우리 집에 밭이 좀 있어서 밭농사도 하는데, 가볍게는 해도 되지만 일을 많이 하면 안 돼. 어느 정도 힘들었는가 하면, 대못 다섯 개가 심장을 이렇게 뚫고 있는 것 같은 통증이 있어. 잠이 안 와서, 자려면 가슴을 꽉 누르고 자야 하는데, 이게 안 되니까 큰 옥편 있지, 그걸 가슴에 놓고 그 위에 큰 돌을 놓으면 압박이 돼 자곤 했어. 그렇게 아픈 거라고. 그런데 그게 심리적인 질환이지.

전범선　　요새 운동하는 친구들은 '번아웃burn-out'이라고 하죠. 소진되어서 무기력해지고 또 우울해지고요.

정성헌　　나는 그냥 분노였지. 우리 집 동쪽 도장골에 조그마한 산 샘물이 있었어. 그런 곳을 다녔고…. 이 병에 대한 생각을 많이 하곤 했지. 이 생각 저 생각, 해볼 거 아냐. 그러다 보니 마음의 평화를 조금씩 얻기 시작하면서 못들이 하나씩 빠져나가. 그게 1년 이상은 걸렸는데, 마지막에 빠져나가니까 날아갈 듯하더라고, 내 느낌이.

전범선　　춘천에서 수양을 하신 거네요.

정성헌　　우리 집에서 한 거지. 아마 춘천 시내에 있었으면 안 됐을 거야. 시골 우리 집이니까 가능했지. 그때 생명이라는 걸, 나 개인의 생명이라는 걸 참 많이 생각했어.

전범선　　그때 이미 장일순 선생님, 김지하 선생님이랑 생명이라는 화두로 이야기를 나누셨던 거군요.

정성헌　　아니, 그때는 다른 이야기를 했어. 노동자를 조직해서 노동해방과 인간해방을 이룩하자는 말을 했지. 그때는 해방이라는 말을 많이 했어요. 1970년대와 1980년대 초가지 모든 사회운동의 바탕에는 사실 해방이라는 말이 있었지. 당시 노동운동은 이중억압 상태 속에서 노동해방을 통해 인간해방을 해서 인간을 완성한다는 게 목표였지. 농민운동도 마찬가지야. 토지 문제나 잘못된 시장에서 해방이 돼서, 즉 농민해방이 돼서 인간으로서도 해방된 좋은 세상을 만들려고 했던 운동이지. 그 당시에는 농민이 가장 많았고 그 다음이 노동자인데, 노동자의 참상이 더 컸기 때문에 노동해방운동이 우선이었고. 생명사상은 그로부터 약 10년 후에 본격적으로 이야기하게 돼.

전범선　　　말씀하신 운동의 시작이 매우 상징적이라고 느껴져요. 1980년대의 민주화운동이라는 게 일종의 화를 가지고서 혁명을 한다든가 뭔가를 척결하고 규탄하는 식의 운동이었는데, 선생님도 그렇고 감옥에 계셨던 김지하 선생님도 그렇고 수양을 통해서 화를 치유하고 생명의 가치를 생각하는 길을 가신 거잖아요. 내가 어떻게 수양을 해서 마음의 평화를 얻을 것인가, 이 고민이 시작이었다, 못이 가슴에서 빠져나가는 듯한 느낌이 생명의 가치를 깨달은 시작이었다고 말씀하시니…저는 김지하 선생님도 글에서 감옥에서 풀 자라는 거 보면서 생명의 가치를 생각했다고 하셨는데, 그 이야기랑 매우 비슷하게 느껴집니다.

정성헌   유신정권에 의해서 살해당한, 지금도 진상 규명이 안 된 장준하 선생이 중심인 민족학교라는 모임이 있었어. 장준하 선생이 모임의 대선배고, 그 아래가 백기완 형님, 그 아래가 김도현, 이부영, 김지하, 최혜성 형이고, 그 아래가 우리 또래야. 그런데 장준하 선생이 그러시더라고. "아니 나는 30대 때 화병에 걸렸는데, 어떻게 자네는 20대 후반에 벌써 걸렸나?" 그래서 "어떻게 나으셨어요?" 그랬더니 "자기가 노력을 해야 낫지." 그러시더라고. 이 '노력'이라는 게, 그런데 머리로 하는 게 아니라 몸으로 뭘 하는 거야.

전범선   수양이겠죠. 그런데 '생명'이라는 말을 쓰게 된 건 약 10년 뒤라고 말씀하셨죠?

1980년대
생명공동체운동

정성헌　　　본격적으로 생명운동 얘기를 한 건 1980년대지. 내가 속했던 가톨릭 농민회[가농]에서 약 1년 이상의 논의를 거쳐 공식적으로 채택한 게 생명공동체운동이었어. 1982년은 오랫동안 감옥 독방에서 고생하고 나온 김지하 시인이 생명운동을 제창한 매우 중요한 해였고. 당시는 신군부정권의 독재와 억압이 심했으니까 그것과 싸우는 것이 운동의 중심이 되는 시대였지만, 우리가 원래 추구하는 건 생명공동체운동이었지. 이 운동이 다른 운동하고 다른 점이 뭐냐면 이중억압 구조를 풀려고 한다는 거야. 즉, 제도가 억압하는 게 있고 나 스스로가 억압하는 거, 내가 잘못된 거 그런 게 있어요. 그런데 다른 운동을 하는 사람은 대개 바깥에 있는 것, 구조적인 것과 제도적인 것만 얘기하고 안에 있는 건 얘기를 안 해.

　　　　당시 가톨릭 농민회에 상당히 좋은 지도 신부가 계셨어, 정호경 신부라고. 이 분이 이런 말씀을 많이 하셨어. 운동을 해서 어느 정도 성공하면, 사람 마음이 우쭐해진다고.

이건 사실이야. 겪어본 사람들은 다 아는데, 전국 투쟁을 해서 뭘 일정하게 성취하면, 많은 사람들이 따르고. 그러면 우쭐한 게 생겨요, 마음속에. 바로 그때야. 사람이 그때 잘못하면 망가지는 거야. 1970년대 후반에 우리가 조금 우쭐할 만한 투쟁의 성과가 있었거든. 그러다 1980년에 신군부 쿠데타가 일어나니까, 이거 뭐 우리가 일시적으로 이겼구나, 과거의 투쟁 성과라는 건 진짜 허망한 것이었구나, 하는 반성을 많이 했지.

조금 전에 말한 안팎의 굴레에서 벗어나 해방의 길로 간다 할 때, 농민운동에서는 '농촌사회 민주화'라는 표현을 썼어요. 농촌사회 민주화는 잘못된 구조의 굴레로부터 농민들이 해방되는 것인데, 어디까지나 그건 투쟁적인 측면이지. 그런데 '농촌사회 민주화'에서 '민주화'는 요새 얘기하는 그런 민주화를 넘어 '사람이 주인 되는', '각자가 주인 되는' 걸 말해. 사람을 사람답지 못하게 하는 게 잘못된 권력과 잘못된 자본이잖아, 그거와 대결을 하고 싸워야 해. 자본이 사람들을 다 분해해서, 서로 따로 놀게 한단 말이야. 또한 잘못된 돈의 노예가 되고, 권력의 하수인이 되고 그래.

그래서 그렇지 않은 삶을 살려면, 다른 사람하고 나하고 전부 똑같은 사람이라는 거 그리고 그걸 더 확장해서 풀이나 나무나 전부와 어울리는 거가 되어야 하는데, 그런 삶을 우리는 '공동체적 삶'이라고 그랬어.

농촌사회 민주화와 공동체적 삶의 실현, 이 두 가지가 같이 가야 우리의 운동 목표를 달성하는 거다, 그런 생각이었지.

그런데 당시에는 탄압이 워낙 극심하니까, 농촌사회 민주화가 더 많이 부각되고, 농촌공동체보다는 사회연대운동에 더 힘을 실었지.

나는 지금도 확신하는데, 공동체적인 삶의 실현을 위해서 애쓰는 현장의 노력이 없이는 운동이 안 된다고 봐. 외국 이론서들, 외국의 혁명 사례에서는 경제주의나 협동조합 활동 등은 투쟁력을 약화시키거나 변질시키는 것으로 얘기하는데, 우리의 경험이나 나의 경험은 조금 더 구체적이지. 공동체적인 삶을 위해 애쓰는 사람들이 싸울 때 더 잘 싸우는 걸 나는 많이 겪었어요. 그래서 '그건 그 나라 이론이고 우리는 그렇지 않다'는 얘기를 할 수 있었어.

전범선 말씀하신 외국 이론, 민족해방이나 민중해방, 노동해방운동 방식과 노선과는 다른, 자생적이고 우리 현실에 더 맞고 공동체중심적인 생명살림운동이 새롭게 나온 계기가 있을 거 같아요. 크게 보면 1980년대까지는 민주화운동이라는 하나의 우산 아래 모두 협력했지만, 생명운동이 민주화운동과 갈라진 게, 대표적으로는 김지하 선생이 '죽음의 굿판을 걷어치워라'라고 썼던 시점이었고요. 그리고 말씀을 들어보니, 이미 1980년대부터 생명운동의 흐름이 있었네요. 그게 가톨릭 농민회의 시작이랑 결부돼 있는 건가요? 가농은 언제 시작된 거죠?

가톨릭
농민회

정성현   가톨릭 농민회는 일찍 시작됐지, 1966년이니까…. 그런데 1974년에 가농이 농지 소유 실태 조사를 실시하게 돼. 농민 문제 중에 토지 문제, 농산물 가격 문제가 가장 중요한 거잖아요. 그게 일이번으로 중요하고 삼번으로 생산자 조직 문제가 중요하지. 당시 우리나라 운동이 초창기여서, 일제 때 말고는 과학적인 운동이 거의 없었어. 그런데 대한민국이 농지개혁을 한 게 1950년이잖아, 6·25 전에 빨리 했단 말이야. 그래서 지주-소작 제도는 없어졌는데, 그게 자본주의의 전진 과정에서 다시 임대-임차농이 되었어. 임차농은 소작농 비슷한 거지. 그래서 가농이 농지 소유 실태 조사를 아주 광범위하게 시작하게 된 것이고, 그러면서 소작 제도가 사실상 부활된 걸 모두가 알게 되었지. 그게 한국사회에 상당히 큰 충격을 줬어. 신문에 대문짝만하게 나오고 그랬지.

    그런데 '농민들이 못 산다'고 하는데 구체적으로 얼마만큼 못 사는지는 아무도 몰라. 그래서 그 다음 해에 쌀 생산비 조사를 했어. 쌀 한 가마 생산비가 대체 얼마냐를 조사하는데 그 조사 담당 간사로 내가 가농에 들어갔단 말이지. 이를테면 스카우트된 거지. 나도 그런 일을 하고 싶었고. 농림부가 쌀 관련 조사할 때 사용한 비목이 있어요. 바로 그 비목을 그대로 가져와서는 우리가 쌀 생산비를 조사한 거지. 이때의 경험이 나에게는 무척 중요해. 운동을 이념적으로, 성명서로 하는 것이 아니라 실제로, 현장에서 하는 게 버릇이 된 게 이때부터였거든….

사실 농민은 자기가 농사를 지으면서도 본전이 얼마인지 잘 몰라요. 자, 그런데 내가 모내기를 하고 나서 물 관리하려고 그 논에 갔다고 하면, 그게 노력비[노동비용]로 계산이 되려면, 과학적으로 이걸 조사하려면, 내가 집에서 논에 갈 때 시간을 기록하고 가야 해. 와서는 도착 시간을 기록하고. 그러면 60분간 일했는지 아닌지가 딱 나오잖아. 그걸 다 적어야 해. 시장에 비료 사러 갔다 하면 비료값도 기록해야 하지만 비료 사러 간 시간도 기록해야 하겠지. 그런데 비료 사러 가는 옆집에다 비료를 대신 사달라고 하면 그때는 시간이 빠지고. 그러니까 엄청나게 구체적이어야 해요. 그런 것들을 전국적으로 조사원들이 조사해오면, 내가 그걸 일일이 다 보고 분류해서 쌀 한 가마니 값이 얼마인지를 계산하는데, 수확이 끝나고 나서 11월 즈음에야 가격이 나와. 그걸 가지고 쌀 생산비 보고대회를 하는데, 거기서 적자라는 결론이 나오면 바로 그 근거를 가지고 쌀 생산비를 보장해야 한다는 쪽으로 이야기가 흘러가는 거잖아.

그 후 내가 조직부장, 교육부장, 사무국장, 부회장, 이런 걸 했어. 지금은 사무처장이라고 하는데, 그때는 총무라고 했지. 총무 교육을 내가 주로 했단 말이야. 당시에는 서울대학교니 뭐 이런 곳을 나오고 사회의식이 높은 친구들이 많이 총무로 들어왔어. 걔네들이 면접에서 합격해서 걔네들 대상으로 교육을 해야 하는데…신임 총무가 몇 명 들어오면 2박 3일 같이 생활하며 교육을 한단 말이에요. 교육에서 가장 중요한 건 같이 먹고 자는 거예요. 그래야 그 사람을 알아. 그냥 모여서 (줌 같은) 영상으로 보고 말하는 건 사실 헛다방이거든. 서로 둘러모여 마주보고 얘기하고, 술도 마시고, 숙식을 같이 해야 비로소 교육이 된다고 봐야 해.

그때 내가 이런 말을 했어. 가톨릭 농민회에는 세 부류의 총무가 있다. 첫째는 똑똑한 총무, 둘째로는 보고 싶은 총무, 셋째로는 훌륭한 총무가 있다.

똑똑한 총무는 진짜 똑똑해, 책도 많이 읽고. 당시는 한글과 한자가 혼용된 시대라 신문을 제대로 못 읽는 농민들이 참 많았어. 그러니까 서울대학교 같은 대학을 나온 이들 가운데 똑똑한 총무가 꽤 있었거든. 그런데 똑똑한 총무들이 하면 조직이 잘 안 돼. 왜? 농민 문제를 사회과학적으로 인식하고 있으니까. 사회과학적으로 인식한 걸 잘 소화해서 농민 문제를 해결하는 데 도움이 되어야 하고, 농민이 주체가 되도록 해야 하는 거잖아. 그런데 자기가 똑똑한 거지. 똑똑한 총무는 농민 문제를 너무 명쾌하게 얘기해요. 농민 문제의 기본모순은 토지 문제고 지주-소작인의 계급모순이고, 생산물을 중심에 놓고 시장에서 서로 다투는 독점 자본과 농민 간의 계급모순이 주요모순이다. 이런 말을 처음에 한단 말이야. 듣는 농민은 얼마나 섬뜩하겠냔 말야. 1970년대만 해도 1950년대의 상처나 기억이 거의 다 있거든. 보도연맹이니 하는 경험, 대규모 학살 경험에 관한 기억이 다 있단 말이야. 그런데 말투가 너무 비슷해, 그러니 이거 좀 이상하다, 그러겠지.

　　자네가 역사학도니까, 잘 들어봐. 줄을 잘 서야 한다, 그런 말이 있잖아. 물론, 힘 있는 사람을 눈치로 알아보고 거기에 줄을 서야 먹고 사는 데 지장 없다, 그런 이야기지만, 실제로 줄을 잘 서라는 게 뭐냐면 6·25 전쟁 당시 이쪽에서는 밀려나면서 사람을 많이 죽였지만, 북쪽 사람들도 후퇴하면서 사람들을 많이 죽이고 또 많이 데리고 갔어. 즉석재판에서 줄을 잘못 서면 그냥 죽어요. 진짜 그랬어. 그런 역사적 참혹함을 직접 경험한 농민들도 있지만, 그 얘기를 들은 농민들도 많단 말이야. 그런 농민들 앞에서 기본모순, 주요모순, 이런 이야기를 하니 어떻게 조직이 되겠어.

두 번째, 보고 싶은 총무. 당시에는 유선 전화가 드물 때긴 하지만, 억울한 문제는 늘 있었어요. 가농이 억울한 농민들 문제를 잘 해결해준다고 소문이 나서, 억울한 문제가 생기면 가농으로 전화가 와, 똑똑한 총무한테. 그런데 억울한 문제가 없으면, 아무 연락도 없어. 그러니까 조직이 안 되는 거지. 예를 들어, 한번은 충북 가농 사무실에 놀러가 보니, 그곳 총무에게 전화가 왔단 말이야. 그 총무가 반가워하면서 "아, 형님, 무슨 일이세요?" 그래. 그러니 저쪽에서 "대낮에 술 한 잔 하다가 보고 싶어서 했어." 그래. 그런 전화 받는 총무들이 조직을 잘 하는 거야. 사람 됨됨이가 괜찮은 사람이지. 말을 해도, 참 넉넉하게 한다고, 보고 싶은 총무들은.

그래서 실제로 교육할 때, 지금 우리 조직에서는 보고 싶은 총무가 누구다, 그러니까 너희들이 그 형을 배우러 다녀라, 말로 배우고 찾아가서 같이 먹고 자면서 배워라, 또 그 형이 조직하러 다닐 때 쫓아가서 직접 배워라, 그렇게 말한단 말이야. 그리고 똑똑한 총무는 누구라고 얘기를 해줘, 거기도 가봐라, 그러면 조직이 왜 안 되는 건지 너희가 배울 거다. 왜 안 될까, 그걸 깨닫게 될 거다.

마지막으로 훌륭한 총무가 있는데 이건 우리의 목표

야, 모두가 훌륭한 총무가 돼야 한다고 말을 하지. 훌륭한 총무가 뭔지는 모르겠는데, 훌륭한 총무가 뭔지 네가 그려봐라, 그래. 똑똑한 총무와 보고 싶은 총무를 다 담고 그걸 넘어서는 게 훌륭한 총무라고 말해주지. 그런데 그게 뭔지는 몰라도 그 상像을 네가 그려서, 몇 년 후 훌륭한 총무라는 사례 발표를 네가 할 수 있으면 좋겠다, 그래.

이게 내가 하는 실무자 교육의 핵심이야. 뭐 딴 거, 어려운 거 없어. 며칠씩 서로 얘기하는 교육이지.

전범선　　선생님께서 해오신 운동이 일종의 '원형' 같다는 느낌이 들어요. 지금 저희 시각에서 볼 때도 도시보다는 농촌을, 이론보다는 실제를 중시하셨고요. 그리고 당시 민주화운동 하시던 분들 중에서도 (도시 기반의) 노동운동 중심으로 하던 분들이 계셨지만, 가농 같은 경우엔 땅과 농업에 중심을 뒀던 것이 인상적입니다. 어떻게 하면 조직해서 혁명을 할까라는 주제에 초점을 둔 운동보다 공동체중심의 운동을 하셨던 것 자체가 저희 또래가 보기에는 이미 앞서 가셨다는 생각이 듭니다. 21세기의 맥락에서 생명문명으로 나아가려면 필요한 어떤 운동처럼 느껴지고요.

그리고 이런 생명운동의 경험이 새마을운동중앙회의 생명살림운동의 모태처럼도 느껴지는데요. 당시 민주화운동권의 주류와는 '우리의 길'이 달랐다고 앞서 말씀하셨는데요, 그 진영과 충돌하는 지점도 있었을 거 같아요. 어떤 사례가 있을까요?

생명살림운동과
민주화운동

정성헌   예를 들어, 생명운동가 교육을 하는 경우가 그래. '생명공동체운동'을 얘기함과 동시에 구체적으로 농민 얘기를 하게 되는데…농업은 생명 가치를 생산하는 생명의 산업이잖아. 그리고 농촌은 생명 가치를 보존하고 그것을 후세에 전하는 생명의 터전이고. 농민은 그런 걸 수행하는 생명의 일꾼이란 말이야.

그런데 1980년대 중반에 이런 이야기를 하면 욕을 많이 먹었어. 지금 파쇼정권을 타도하고 외세의 지배로부터 벗어나서 자주 통일을 해야 할 때지, 뭔 놈의 생명 타령을 하냐고, 웃기는 놈들이라고 그랬다고. 그래도 당시엔 우리 조직이 제일 잘 싸웠어. 학생 조직을 빼고 일반 조직만 생각하면 그랬지. 제일 잘 싸우는 조직이 그런 말을 하면 함부로 대들지 못하지. 그런데 만약 우리가 '말로 하는 조직'이었다면 아마 박살이 났을 거야. 쉽게 말해 이런 얘기야. 1987년에 '민주화헌법쟁취 국민운동본부'에서 각 시군에 본부를 만들 때, 내 기억으론 93개 정도 만들었을 거야. 그런데 가농이 중심이 돼서 만든 게 약 30개이고, 가농하고 다른 곳하고 연대해서 만든 게 약 30개 되고…그러니까 당시 조직 건설할 당시 제일 일등 공신이 가농이라고.

1970년대에 한국 천주교의 사회 참여가 커지는데, 제일 대표적인 인물이 지학순 주교였지. 그분이 구속되었는데, 그분 석방 운동이 계기가 되어 천주교정의구현사제단이 생겼다고. 그런 분위기라고 봐야 해.

대개 '종교는 인민의 아편'이라고 하는데, 이것을 두고 옳다 그르다 할 게 아니라, 그것이 옳은지 아닌지가 나는 상황마다 다르다고 봐. 예를 들어, 1970년대 유신 폭압 시대에는, 나 같은 경우 별로 중요한 사람도 아닌데도, 가농 대전본부에서 일할 때 담당 형사가 대전 경찰서에 있었다고. 내가 고향 춘천에 가서 술을 마시면, 춘천경찰서에 바로 이첩이 돼. 내 담당이 그쪽으로 연락을 해서, 경찰들이 내가 간 술자리에 와서 보는 거지. 그런 상황에서 조직을 만들고 교육하고 활동해야 한단 말이야. 이런 상황이다 보니, 종교의 울타리가 없는 기층계급운동은 힘들 때라고. 그때는 노조가 어려운 게 아니라 노조 자체를 만드는 게 힘든 시대였으니까. 그러니까 종교라는 울타리가 필요한 시대였던 거야. 그래서 울타리가 필요 없는 시기가 될 때까지, 종교는 좋은 울타리 노릇을 하면 되는 거지.

바로 그 1970년대에 세계적으로 통용되던 말이 '공해'였어요. 우리 춘천 모임에서 후배 최열이 공해에 대해 이야기를 많이 했어. 이 사람이 강원대 농과대학 농화학과니까. 하여튼, 공해 문제가 심각해지니까 해결을 해야 하잖아. 1970년대, 1980년대에 문제제기를 하려면, 뭐가 있어야 할 것 아냐. 그래서 공해문제연구소를 만들자는 이야기가 나왔지. 그러면 누가 울타리를 쳐줘야 하지 않나, 교회가 울타리 노릇을 해줘야 한다, 그랬지. 그래서 공해문제연구소 이사장을 천주교 신부가 맡을 때는 소장은 목사가 맡고, 목사가 이사장할 때는 소장은 천주교 신부가 맡고, 이런 식으로 방파제 역할을 해줬지. 방풍림 또는 방파제로서의 교회 또는 종교는 난 아주 중요하다고 생각해. 종교를 인민의 아편이라고 욕하고 뭐 그럴 필요 있어?

그런데 배운 사람들에게는 그런 게 있어. 뭘 할 때 현실을 직시하고 그 운동이 잘 되도록, 사람들을 잘 조직해서 고맙게 가면 되는데, 뭔가 안 되는 것부터 잘라내기 시작해. 이건 안 되고, 저건 또 안 되고. 조금 전에 말한 '보고 싶은 총무' 표현대로 좀 '얼숭덜숭하게' 나가야 조직이 되거든. 나는 기후위기도 노장청이 같이 해야 된다고 말해요. 성질 난 노인네가 오면 잘 받들어야 하고. 얘는 이것 때문에 안 된다, 쟤는 이것 때문에 안 된다, 이런 식으로 잘라내기 시작하면 결

국 자기 혼자 남는 거야. 그런데 자기 혼자 하는 건 운동이 아
니에요. 같이 하는 게 운동이라고.

전범선　그 당시에 NL이나 PD나 사회주의운동하시던
분들은 종교의 울타리에 들어간 것에 대해서 부정적이었다
는 말씀이시죠?

정성헌　조금 부정적인 게 아니고 그 이념 자체에서 종교
는 용납이 안 되는 거지. 진심으로 함께 변화해가면 좋은데,
이용해 먹으려고만 해. 그건 침투지. 그러나 인간 사이에 일
방적 침투가 가능한가? 가능하지 않아.

　종교가 제도화되면, 인간사회는 누구나 그런 속성이
있는데, 일단 제도화되면 그 제도를 유지·확대하려는 속성
이 지배해. 그 제도에 맞는 이야기에 사람을 자꾸 맞춘단 말
이야. 하지만 끊임없이 변화가 있고 향상되는 교회는 난 좋
다고 봐. 그런데 제도에 안주하거나 끊임없는 변화·발전을
요구하는 구성원들을 잘라버리거나 하거든. 인간의 모든 제
도가 권력화되면 다 그렇다고, 교회만 그런 게 아니고.

　그래서 이른바 '끊임없는 쇄신'이라는 것이 중요하지.
그걸 제도적으로도 가능하게 하고, 문화적으로도 가능하게
해야 해.

자기변화와
사회변화

전범선　　21세기 들어 생태문명을 얘기하는 서양인들도 그렇고, 한국에서 생명사회를 지향하는 이들도 그렇고, 그 핵심은 근대적인 투쟁·대립에 기반한 운동이 아니라 영성적이고 종교통합적인, 즉 해방보다는 주체의 변화, 해탈과 수양을 기본으로 하고 바깥도 바꿔가려는 움직임이라고 생각됩니다. 그런 움직임이 생명운동의 핵심이고 차별되는 지점이라고 생각하는데요.

　　말씀을 들어보니, 그 당시 개신교나 천주교나 다양한 종교들이 이미 같이 통합되어서 울타리를 만들어놓았고, 신도가 아니었는데도 거기에 함께 어우러져서 운동하셨다는 게 무척 인상적입니다.

정성헌　　나중에는 신자가 됐지…당시 정호경 신부가 자주 쓰던 말이 있어. 나중에는 나도 많이 써서 내 말이 됐는데 "운동은 자기변화와 사회변화를 통합해서 실천하는 과정"이라는 말이야. 자기변화 없는 또는 자기변화가 취약한 사회변화는 위험하다. 당시 그런 말이 있었어. "그 자식 운동은 잘 하는데, 인간성은 더러워." 그렇다는 건 결국 그 운동하는 당사자도 망치는 거라고.

정치도 똑같은 거지. 사실은 좋은 인간성을 가지도록 각 당에서 역할을 해야 하고, 아마 당 정치연수원이 그런 역할을 해야 할 거야. 자기변화와 사회변화, 지금은 지구도 큰 사회니까, 지구변화까지 이룰 수 있도록 당 정치연수원이 역할을 안 하는 한, 제도 개혁은 조금 약발이 가다가 또 안 되고, 또 안 되고, 그럴 거 같아. 자기변화와 사회변화가 같이 가야 된다는 건 지금도 맞다고 봐.

전범선 그 점이 생명운동의 가장 큰 차이점이지 싶어요. 그러니까 자기변화를 기본 전제로 해야 하는데, 저희 세대의 시각에서 지금 진보를 자처하시는 분들과, 그분들이 보수라고 생각하는 분들이 똑같이 느껴지는 이유가 거기에 있는 것 같아요.

그런데 자기변화가 먼저라고 하는 운동의 방식은 종교적인 뿌리가 있는 것 같습니다. 이야기가 자기 수양, 화병 다스리기라는 문제로 돌아가는 거 같은데, 1980년대는 사회운동하시는 분들이 모두 일종의 화병을 앓았던 시기였던 것 같고요. 요새는 다르죠. 요새는 공황스러운 상황이라

고 할까요. 망망대해에 내던져진 느낌이라고 할까요. 1980
년대엔 억압이 컸지만, 그 사회적인 화병을 생명운동하셨
던 분들은 자기수양과 자기변화를 강조하면서 풀어가려고
하셨다는 점에서 다른 분들과 근본적 차이가 있었던 것 같
은데, 그게 요즘 시대에 필요한 운동인 것 같습니다.

제가 비거니즘 운동할 때 늘 얘기하는 게, 비거니즘
운동은 다른 운동과는 다르게 하루 세 번 만나는 밥상에서
시작되는 운동이라서, 운동을 시작하는 순간 자기가 먹는
방식부터 당장 바꾼다는 것이거든요. 저도 짧게 운동했지
만, 그 점이 다른 운동과 다른 차이점이라고 느꼈어요. 비
건이 되는 사람들은 다른 사람들에게 뭔가를 얘기하기 전
에 자기가 먹는 것부터 바꾸어야 되는 거라서요. 그런 경험
과 '만사지식일완萬事知食一碗'*이라는 동학의 이야기, 선생님
이야기와도 일맥상통하는 것 같고요.

우리밀살리기 운동은 정확히 언제, 어떻게 시작된
거죠?

---

* 만사를 안다는 것은 곧 밥 한그릇을 아는 것에 있다는 뜻.

우리밀살리기 운동과
기후위기 대응운동

정성헌　　　정식 출범한 건 1991년이지. 그게 다 사연이 있어. 원래 1980년대 초에 생명공동체운동이라는 목표와 방향을 정했지만 민주화운동이 중요하니 그쪽에 훨씬 더 노력을 많이 하다가, 87년 6월 항쟁 이후 시간이 지나서야 제대로 움직일 수 있었지. 6월 항쟁 이후 사회분위기가 조성되었고, 우리 내부에서 우리밀살리기 운동을 의논했지. 그때 나는 가농 사무국장이었지. 곡절은 있겠지만 과거와 같은 억압체제는 안 온다고 봤어. 그래서 이제는 원래 우리가 하고자 한 생명공동체운동을 본격적으로 하자는 이야기가 있었어. 이 논의가 2년이 걸렸다고. 합의가 다 되려면 조직을 꾸리고 시군 단위로 다니며 교육을 해야 하잖아. 교육을 하고 나서 합의를 봐야 했지.

전범선　　　그 당시 가농 조직이 얼마나 컸어요?

정성헌　　　우리나라 농민운동 역량 가운데 60~70%는 됐지. 다는 못 다녀도 중요한 시군에 가서 설명회를 했어. 그런데 당시 전라남도 어디를 가서 설명을 하니까 반박을 하더라고. 그냥 우리끼리 하면 되지, 뭐하러 전국적인 농민운동체를 만드냐는 거야. 생명공동체운동을 하려면 작은 조직, 작은 가농으로 가야 하는데 말이지.

내가 또 놀란 게 어느 군에 가니까 가농 조직 안에 천주교 신자는 댓명밖에 안 되고, 천주교 신자 아닌 가농 회원이 100여 명 되는 거야. 천주교 신자 아닌 이들이 가농을 유지하자고 그래요, 그거 참 묘한 거야.

전범선   그렇게 내부에서 합의해서 91년도에 만든 거군요.

정성헌   그렇지. 나름대로 꽤 분석한 게 있어. 한겨레신문 창간 당시, 창간주주는 10만 원 이상 내자고 했었어. 그래서 1988년 창간 당시 6만 7천 명이 돈을 낸 거라고. 이론적으로 검증된 바는 없고, 순전히 내 경험칙經驗則이야. 6만 7천 명이니 대략 7만 명으로 잡고, 7만 명이 돈을 내려면 어떻게 해야 할까. 운동에서 돈 낸다는 건 무조건 중요해. 돈 낸다는 건 아주 적극적인 회원이란 뜻이거든. 7만 명이 돈을 내려면, 그 3배수 정도의 사람들이 "야, 그거 필요하다." 이렇게 합의가 돼야 해. 그러니까 약 20만 명이 동의를 해야 한다고.

　　그리고 3년 있다가 우리밀살리기 운동을 시작했는데, 한겨레신문 창간과는 비교도 안 되게 큰 대중운동이어야 했거든. 결과적으로 하는 얘기인데, 15만 8천 명이 돈을 냈어. 그러니까 이 경우는 40~50만 명이 동의한 거지. 이거 중요하다. 이래야 운동이 되는 거라고.

전범선　　우리밀살리기 운동은 토종 씨앗 때문에 하는 거죠?

정성헌　　토종 씨앗 문제도 있고. 국민들의 건강이 너무 나빠지니까, 수입 밀이 무지 나쁘거든, 국산밀은 훨씬 낫지. 미국 밀도 미국 국내에서는 좋아. 하지만 싣고 오는 과정에서 망가지지 말라고 화학처리를 하니 나빠지거든. 변질되는 그 과정이 문제지. 그 당시에 24종의, 농약이나 보존제로 허가된 것 중에서 약 15종류의 약을 쳤어. 즉, 건강에 나쁘다는 문제가 있고. 또, 우리 땅을 쓰지 않으니까 땅이 망가지고. 땅이 망가지면 농민의 심성도 망가지는 거야. 또, 식량안보 문제도 있고. 어렸을 때 밀밭에서 논 사람들도 상당히 있었고.

　　대중 15만 8천 명이 돈 냈다는 건 뭐냐면, 약 50만 명이 "야, 이거 중요한 거다."라고 동의한 거라고. 기후위기는 이것과는 비교도 안 될 정도로 우리가 온 정성으로, 온 마음, 온 몸으로 해도 될까 말까인데…그래서 계산을 해보니 500만 명이 "이거 중요하다" 그러면 돼. 사회분위기가 바뀐다는 거지. 그러면 정부도 바뀐다는 거야. 500만 명이 참여하면 150만 명은 돈을 내는 거라고.

전범선　　　기후위기 대응운동을 새마을운동중앙회에서 이미 시작하셨던 걸로 알고 있는데요. 이 운동이 성공하려면 뭐가 중요하다고 생각하세요?

정성헌　　　첫째 핵심 운동가들이 있어야겠지. 그러려면 그들이 말을 해야 하잖아. 잘 알겠지만, 대중운동을 하려면 알아두는 게 좋아. 읽는 걸로 아는 건 10밖에 안 남아. 선생님에게 들어서 내 마음으로 번역해서 수용했다 하면 20 쯤 되겠지. 자기가 직접 체험하면 약 30. 그런데 그야말로 거의 확신을 하려면, 남에게 강의를 할 수 있어야 해. 즉, 기후운동을 확산하려면 기후위기 현장 강사가 수만 명이 나와야 한다는 거지. 사람들이 강사가 되면, 엄청난 자신감과 사명감을 가져. 남 얘기를 들으면서 하는 건 수동적인 존재인데, 자기 말을 하면 주동적 존재가 되거든.

지금은 이런 게 왜 안 되냐면…사회분위기가 기후위기나 생명의 위기가 아니라 돈에 가 있기 때문에 안 되는 거란 말이에요. 나는 강의할 때 이런 얘기를 다 하지만, 그걸 매우 쉽게 해요. 새마을 지도자들도 아파트 몇 채 가진 사람들이 있어. 당신, 아파트 몇 채 가지고 있을래, 자식들 약 20년 후에 폭염이나 열대야 속에서 고생하게 할래, 지금 당신이 그걸 결심해야 될 때가 되었다. 이런 얘기를 하거든.

2020년엔 분위기가 무르익어서 '생명살림 국민운동' 선포 대회를 했어. 그런데 모든 운동이 그렇지만, 준비가 부족하면 절대 이런 운동이 안 돼요. 사실 새마을운동은 대중 모금운동을 안 해봤기 때문에, 처음 두 달은 연습을 했다고. 두 달간 해보니까 자신을 가졌어. 그 두 달간, 연습 기간에 300명 이상 돈 받아온 사람이 많았어. 1만 원, 3만 원, 5만 원, 그 다음에 바로 10만 원인데, 1만 원 다음에 3만 원이 많고, 그 다음에 5만 원이 많은데, 사실은 3만 원보다 10만 원이 많아.

그래서 이런 식으로 계산해보면…만일 150만 명이 돈을 낸다는 가정에서 계산해보면 600억 정도가 돼. 이 정도가 되면 운동 판이 달라지지.

그래서 생명살림 국민운동의 핵심내용을 만화에 담아 3만 2천 부를 인쇄했었고….

운동의 기본:
공동유대, 실행력, 생활실천운동

전범선　　그 책에 1건建 2식植 3감減, 이 말이 나오잖아요. 유기농태양광(1건), 나무와 양삼 심기(2식), 에너지, 플라스틱, 육식 줄이기(3감)를 하자는 건데요. 지금 저희가 하는 비건운동, 제로웨이스트 운동이 사실 3감 운동이거든요. 일종의 생활운동이죠. 젊은 세대, 특히 2030 여성들이 많은데요, 3감을 한다 할 때 30% 정도가 아니라 100%를 줄이려고 하는 열혈분자들이 많아요. 이들이 나무심기를 한다 해도 심을 땅이 있어야 심는 거고, 유기농태양광 발전은 너무 좋지만 개인이 쉽게 할 수가 없잖아요.

　　사실 저희가 늘 내세우는 슬로건이 '비건이 되자', '채식을 하자', 이런 건데 그 다음에 뭘 하자고 할 수 있는 게 별로 없는 거예요. 거리에 나와서 기후정의 행진하고 춤추고 노래하고 하지만, 구체적인 뭔가를 달성했다는 느낌은 없거든요. 구체적인 성취감을 주는 것이 있으면 좀 더 조직이 잘 될 것 같고, 저희들도 희망이 보이겠죠.

　　지금 저희가 당시의 가농 또는 최근의 새마을운동처

럼 민간 차원의 (기후위기 극복운동) 전국 조직을 만들고, 자기변화를 수반하는 사회변화를 일으키는 운동을 시작한다고 가정할 때, 선생님께서 뭔가 구상하시는 게 있는지 궁금합니다.

정성헌　　예전에 가농에서 활동할 때 '농민이 주인이 되어 살 수 있는 세상을 만들자'고 했는데, 결국 그 세상은 제도와 정책이 바뀌어야 가능하겠지. 그런데 그렇게 되기 위해선 힘이 있어야 하잖아. 그러면 그 힘은 어디서 나오는지를 한번 생각해보자고. 힘은 뭔가를 제대로 아는 거에서 나온다, 이거지.

　　그런데 자기의, 사회의 근본적인 문제를 해결하려는 운동을 하려면 공동유대라는 게 제일 중요해요. 뭘 같이 할 수 있느냐가. 동물해방물결[동해물]을 예를 들어보면, 동물권, 생명권 이런 것에 대한 공동유대는 있는데, 실제로 생활에서는 공동유대가 없다고. 그런데 보통 사람들의 공동유대는 몇 가지가 있잖아. 가족은 일차적인 거니까 빼고, 마을 단위에서 보면 지역공동체라는 공동유대가 있어요. 그러니까 내가 어떤 활동을 할 때는, 우리 마을에서 내가 뭘 할 수 있는가를 우선 알아봐야 하겠지. 자기가 마을 구성원의 하나가 되도록. 동물해방물결을 예로 들어볼게. 동물해방물결 회원

들이 예를 들어 이태원에 주로 산다면, 이태원에서 이 운동을 어떻게 할 수 있을지를 고민해야 해. 우선, 자기 근거지에서부터 뭘 해야 하거든. 이태원 같은 특정 지역에서 이런 운동이 안 된다면, 고등학교 동기들부터 엮어야겠다고 해도 되겠지. 이렇게 자기가 찾을 수 있는 공동유대를 우선 찾아봐야 돼. 여성운동을 하는 공동유대, 협동조합을 하는 공동유대도 생각해볼 수 있고, 여러 가지가 있지.

가장 기본적인 게, 내가 어디에 서 있으며, 뭘 잘할 수 있는지를 조사해보는 거란 말이야. 만일 이태원이라면, 이태원이라는 동네를 상당히 깊이 있게 조사해야 해. 조사 과정에서 함께할 사람들이 대개 발견이 돼. 그러니까 어떤 근거지를 이해한다는 건, 이해하는 그 과정에서 사람을 찾는 거라고.

일단 공동유대가 생기면 그 다음부터는 쉽지. 그 다음에는 자기의 힘과 조건에 맞는 운동을 시작하잖아. 그걸 잘하는 사람이 운동가겠지.

그리고 운동할 때는 사람을 아껴야 해. 심한 말로, 자기 눈동자처럼 아끼라고 나는 말하는데, 그렇게는 안 되더라도 진짜 아껴야 해. 잘못도 감싸줄 수도 있어야 하고. 운동을 잘 못하다 보면 아주 야박한 사람이 되거든, 자기에게는 관대한데 남한테는 엄청나게 야박한. 그건 진짜 잘못이지.

자기의 힘과 조건에 맞는 운동을 하다 보면 거기서 상당히 뭐가 나오게 돼요. 그렇게 나아가다가 사람들이 정말로 많이 모이면, 자기가 직접 해서 그렇게 모이면, 자신감이 생겨요. 사람은 자기가 해봤을 때 자신감을 진짜로 가지거든. 이념 또는 신념에 의해 자신감 갖는 거하고, 실제로 해봐서 자신감 갖는 건 완전히 다르지. 내 표현으로는 "말빨이 선다"는 거지. 그래서 강연도 실제로 실천해본 사람이 하면 말빨이 좀 서지. 그냥 말로 하는 사람들은, 저기서도 말로 대강 하니까 여기서도 말로 대강 하는 거거든. 그러니까 실제로 행한다는 것은 사실은 어떤 운동이 힘을 갖는 데 가장 중요한 토대야. 그런데 그걸 잘 안 하고, 안 되리라고 생각하고, 빨리 하려고 하고, 그러니까 토대가 안 생기는 거지. 동력이 안 붙는 거지.

공동유대를 확인한 후에는 수준과 힘에 맞는 조직을 꾸리려면 조직 형태를 정해야 되겠지. 어떤 곳은 친목 수준보다 조금 높은 수준으로 할 수도 있겠고, 어떤 곳은 상당히 전위적인 조직으로 갈 수도 있고. 예를 들어, 노동조합은 지금은 제일 큰 조직인데⋯노동조합 대중운동을 하려면 생활실천운동과 교육사업을 제일 중요시해야 해, 집회 투쟁과 교섭 투쟁에 무게를 너무 두면 운동의 토대가 약해져. 전교조에서 우리가 봤잖아. 10만 명에 육박하다가 지금 3만 명 선으로 떨어졌잖아, 자기 토대가 허물어진다고. 지금 내가 애기하는 건 그러니까 기본이야. 기본을 튼튼히 하면 피라미드형이 될 수 있지.

그러니까 나의 변화와 사회의 변화라 했을 때, 나의 변화에서 가장 중요한 게 우선 생각을 바꾸고 그 다음에 생활을 바꾸는 거겠지. 그리고 대중들이 생활실천운동을 통해서 "야 이렇게 해보니, 이거 되더라." "야, 그건 말이 그렇지, 사실 그건 안 돼." 이런 얘기를 할 수 있어야 하고. 생활실천운동이 운동에서 가장 중요한 토대라고. 만일 이게 되면 여기서 많은 활동을 하고 교육을 할 수가 있어. 여기서 진짜 중심적인 역할을 할 수 있는 사람도 나오고, 아주 전위적인 사람도 나올 수 있다, 이거지.

기후위기 대응으로서의
양심심기 운동

전범선　　　그 다음이 뭘까요. 생각을 바꾸고 생활을 바꾼 다음, 그 흐름이 사회운동으로 진화하려고 할 때…지금 저희 비건운동이 딱 그 시기에 왔거든요. 비건운동도 한국에서 시작된 지 약 5년 됐는데, 생활실천운동은 되지만, 대부분의 참여자가 핵가족이 붕괴된 도시에서 혼자 사는 젊은 이들이에요. 저희만 해도 해방촌 비건 주민센터를 만들었어요. 말이 주민센터지 카카오톡 단톡방을 만들어서 같이 김치 해먹고, 같이 한살림에서 주문하는 식의 협동조합인 거죠. 처음에는 이데올로기로 시작했지만, 생활실천운동이 생기고 동호인 모임이 생기고 바닷가 가서 쓰레기 줍는 모임이 생기고 그랬거든요.

　　　저는 그 다음을 생각해보는 거죠. 3감을 지금 실천하고 있지만, 좀 더 유의미한 운동으로 나아가려면, 3감을 실천하면서도 2식 운동을 할 수 있잖아요. 유기농태양광 발전을 마을 차원에서 하는 건 그 다음 사안이겠지만요. 3감 2식 1건 운동, 과연 실효성이 있는지 궁금합니다.

정성헌　　　실효성이 있지. 양삼*심기를 생각해보자고. 실제로 운동이라는 게 꼭 단계대로 되는 건 아니지만, 양삼은 지구상의 풀 가운데 이산화탄소를 가장 많이 흡수하고, 땅을 좋게 하고, 좋은 점이 무척 많아.

전범선　　　양삼심기는 바로 할 수 있을 것 같아요. 실은 저희 동물해방물결 인제 신월리 보금자리 돌보미들이 모여 같이 양삼 심기로 했어요. 식목일 즈음에 다 같이 모여서 신월리에 양삼 심자고 했었거든요.

정성헌　　　식목일 즈음은 심기에 날씨가 안 맞고, 5월에 심어야 해. 기온이 약 20도 이상 계속 됐을 때 심어야 하거든. 실제로 양삼심기를 하려면 어떻게 해야 할까? 처음에는 운동형으로 심는 게 가장 좋아. 사람들이 잘 모르니까 심으면 이산화탄소 많이 흡수하고 생활에 도움이 된다고 이야기를 해줘야겠지. 실제로 생활에 도움이 되는 게 많아요. 그 다음에는 시장형으로 해서, 이익이 생기도록 할 수 있겠지. 그런 과

---

*　케나프. Kenaf. 주로 아프리카, 인도, 파키스탄, 네팔, 부탄 등지에서 재배되어왔다. 미국 등 이른바 서구 국가에서 본격적으로 재배되기 시작한 건 2차세계대전 이후이다. 밧줄, 직물, 도화지, 실 등 광범위한 사용이 가능하다.

정에서 상당히 정치적으로, 구체적으로 요구하는 게 생기게 돼. 이걸 하려면 우선 땅이 있어야 되니까.

예를 들어, 첫 해부터 뭔가를 하려면 안 되고, 첫 해는 심어보는 데 주력하고. 또 하나, 서울 시내에서 온실가스를 제일 많이 배출하는 게 서울대학교 아냐, 서울대학교와 얘기해서 양삼심기 운동을 거기서부터 시작해보는 거지.

전범선　　양삼은 1년 중 언제부터 언제까지 심을 수 있어요?

정성헌　　1년 두 번 심어도 좋은데…20도 이상으로 온도가 계속 유지될 때, 약 열흘 정도 그 온도가 지속되면 심으면 돼. 약 30만 평, 용산기지 같은 곳에 양삼을 심게 되면, 최소 4천 톤 이상, 약 5천 톤의 이산화탄소를 흡수하거든. 이거 상당히 많은 양이야. 그런데 이런 수치를 계산해서 정확하고 구체적으로 사람들에게 얘기할 수 있어야 하겠지.

　　나중에는 시장으로 가야겠지. 예컨대 약 30만 평 양삼을 심었다고 하면, 700~1천 톤 정도 플라스틱 원료가 나오니까 그 천연 플라스틱 생산 공장을 하나 조그만 걸 만들어야지. 그게 바로 시장형이야.

　　내가 구체적으로 하고 싶은 얘기는 이건데…지금 충청남도에 석탄화력발전소가 제일 많거든. 인천도 영흥석탄화력발전소가 있고. 궁극적으로 석탄발전소를 없애기로 하고, 우선은 줄여야 하잖아. 어떻게 줄일 거냐. 석탄을 태워 화력발전할 때하고, 양삼 태워 화력발전할 때하고 이산화탄소 배출량과 미세먼지가 얼마나 줄고 토양이 얼마나 정화되고, 이게 다 계산으로 나와 있거든. 지금은 석탄화력발전소에서 동남아에서 야자 코코넛 같은 걸 수입해 석탄에 섞어 쓰고 있어요. 15% 정도 섞고 있어. 실제로 충남에서 있던 일인데, 충남의 새마을운동 지회가 양삼을 대대적으로 심어서 한전에 공급하고 한전에서 돈을 받아내려고 했지. 그런데 내가 그걸 못하게 했어. 운동은 처음부터 돈을 앞세우면 망한다, 대의를 앞세우는 거지. 즉 사람이 하는 거지 돈이 하는 게 아니다….

전범선　　저 같은 경우에는 칼럼을 써도 "왜 이거 안 하냐" 식의 비판을 주로 하는데요, 정부가 하건 안 하건 우리가 할 수 있는 것들을 한다는 게 참 매력적으로 느껴져요. 실제로 앞으로 5년간 비건, 제로웨이스트 운동하는 사람들이 모여서 나무, 양삼 심는 게 그려져요. 그리고 그걸 실천했을 때 생겨날 수 있는 공동체나 힘도 보이고요.

정성헌　　신월리에 심으면 당장 생활에 이익이 돼. 소 먹이가 되니까. 그러니까 생활형이지.

전범선　　좀 더 구체적인 질문인데요, 양삼이 한국에서 자라던 삼보다 더 좋은 건가요?

정성헌　　조선삼은 주로 옷감에, 끈 만들기에, 그리고 약용으로 쓰고 그랬어. 양삼은 용도가 진짜, 너무 많아. 가장 큰 장점이 빨리 자라는 거예요. 빨리 자란다는 건 뭐냐, 광합성을 그만큼 많이 한다는 거야. 그래서 소나무나 참나무에 비해 탄소흡수율이 9~10배 높지. 이산화탄소를 엄청나게 많이 흡수해서 고정시키고 있거든.
　　처음에는 나도 조선삼하고 양삼을 같이 심으려고 했는데, 양삼으로 결론을 내린 게, 지구 기후가 너무 빨리 망가지고 있잖아…결국 시간 싸움이어서 빨리 흡수하는 걸 심어야 하니까. 시간이 아직도 많다면, 조선삼 심으면 되겠지. 용도도, 이제는 삼베 옷, 그런 거 잘 안 써. 그런데 양삼은 청바지 원료거든. 또 지폐 원료이기도 해. 용도가 너무 많고 흡수율도 높으니, 이쪽으로 갈 수밖에 없다는 거지.

전범선　　이산화탄소 흡수원으로서 특정 나무를 심자는 제안이 있나요?

정성헌　　서울 같은 경우는 자동차가 너무 많잖아. 일반적으로 이산화탄소 흡수는 양삼 같은 것으로 가능하지만, 자동차에서 나오는 가장 해로운 배기가스가 아황산가스잖아. 그걸 많이 흡수하는 나무를 산림청에다 물어보면 된다고. 차량 통행이 많은 곳은 일부러 그 가로수를 심어야 하고. 어떤 가로수를 심어야 한다고 주민들이 요구하면 되겠지.

그런데 양삼은 10월 말, 11월 초에 수확을 하니까, 수확한 다음에 밀을 심으면 겨울에도 또 탄소동화작용을 하고. 양삼 꽃이 무궁화하고 비슷해. 양삼을 1천 평 정도 심으면 아주 근사해요.

부산에도 심었는데, 토양 오염으로 인한 악취가 90% 정도 해결되니까, 부산의 어느 마을 아파트 주민들이 마을

총회에서 이거 심은 사람들 표창해달라고 부산시에 건의를 했어. 그러니까 부산시 교육청이 그해 그곳을 생태교육 지구로 지정하더라고. 이건 무지 쉬운 농사야, 사실은.

전범선　간디가 바다 가서 소금을 만들었잖아요, 저는 그런 느낌인데요. 구체적이고, 할 수 있고, 누구나 하면 기분 좋고.

정성헌　부산 사하구에서 이걸 했거든. 그 악취 투성이의 공단 폐수 옆에다 양삼을 심어서 지금은 잘 자라고 있고. 이 사람들이 그 옆에 있는 기장군에서도 심었는데, 나중에 이걸로 떡을 해서 나한테 보냈더라고, 여성들이. 충주에서는 이걸 넣어서 비누를 만들었더라고. 남자들은 다 잘라내버려. 지팡이밖에 만들 줄 모르는데, 여자들은 뭘 해요, 생활에 도움이 되는 걸.

그런데 양삼을 많이 심도록 하는 법안에 서명한 사람이 누군가 하면 트럼프야. 트럼프는 이게 돈이 되니까 한 거지. 치매를 고칠 수 있는 약 성분이 있다는 보고를 받았어, 트럼프가. 그런데 현 단계는 치매를 고칠 수 있는 건 아니고, 이걸 투여하면 치매가 더는 진행 안 되는 효과는 있다고 해. 그것도 훌륭하지.

그래서 대중운동할 때 이렇게 생활밀착형으로 뭘 하다 보면, 자기도 상상하지 못한 뭔가가 나와. 그런 걸 대중을 '믿는다'고 하는 거야. 누군가가 다 알아서 이렇게 이렇게 하자, 그런 게 아니고. 뭔가 시작되다 보면, 앞서거니 뒤서거니 이렇게 가다 보면, 뭐가 되는 거지.

전범선   저는 사실 양삼, 케나프에 대해서도 알고 있었고 생명살림운동에 대해서도 알고 있었어요. 그런데 제가 이사장님을 처음 알게 된 게 기사를 통해서였어요. 풀무질 책방에 어떤 회원이 와서, 이런 분이 있다고 저에게 기사를 줬었어요. 언제였냐면, 한국에서 '멸종 반란' 운동을 시작하려는 모임을 하고 있었을 때인데요. 그 기사에서 이사장님이 양삼 앞에 서 계셨어요. 양삼을 가리키면서 유기농태양광에 대해서 설명하셨고, 저는 그때만 해도 솔직히 '양삼?' 하면서 저랑은 안 맞다고 느꼈었거든요. 그런데 오늘 이야기를 들어보니 양삼심기를 어떻게 하면 되겠다는 그림이 구체적으로 보이고, 2030년 전까지 운동 차원에서 해야 할 다음 단계의 행동들이 보이는 것 같아요.

그래서 생명살림 국민운동에 관해 이사장님께서 계획하고 계신 게 있었는지, 생명운동가로서도 앞으로 뭘 하고 싶으신지가 궁금합니다.

DMZ평화생명동산의 활인촌 계획, 생명살림 국민운동

정성헌   우선 운동보다는 개인적으로 자꾸 나이를 먹어 가니까…올해 연초에 이것 좀 해야 되겠다고 생각한 건 두 가지야. 하나는 농사를 조금 더 정성껏 해야 되겠다. 내가 하는 밭이 있거든, 평화동산에. 땅을 좋게 하는 걸 그러니까 토대를 튼튼히 하는 걸 중심으로 하면서 농사를 조금 더 정성껏 해서 나하고 친한 서울 사람들을 놀러 오게 해서 많이 주려고 해. 이게 상당히 중요한 결심 중 하나야.

또 하나는 공적으로 평화생명동산 일을 하니까, 몇 가지 생각을 해놓은 게 있는데, 이 사업을 이해하고 함께할 수 있는 사람을 다시 모아서 아주 구체적으로 시작을 했으면 좋겠어요. 이제는 10년이 훨씬 넘었거든. 그래서 예를 들어 우리가 활인촌을 만든다고 하면, 노장청이 특히 젊은 사람들이 마음먹고 왔다 갔다 할 수 있게 하고 싶어. 이걸 좀 본격적으로 해야 한다고.

전범선   활인촌으로 생각하는 마을이 있으세요?

정성헌　　　12만 평짜리 군 부대, 거기 자리가 무척 좋아. 군부대 가운데로 개울이 흘러요. 개울을 끼고 있으면 무척 좋은 곳이거든. 집도 고쳐서 써도 되고, 거기 농사 다 지어도 되고, 진짜 좋은 곳이 있어요.

전범선　　　군을 설득해야 하는 건가요?

정성헌　　　국방부를 설득하고 인제군을 설득하면 되겠지.

전범선　　　군부대 땅은 쓰게 되는 데 꽤 시간이 오래 걸리지 않아요?

정성헌　　　그러니까 올해에 되는 것이 아니라 집요하게 노력을 해야 되는 거거든. 그리고 인제군의 유네스코 생물권보전지역*으로 지정된 마을이 13개 마을이라고. 그 마을들이 그 개울을 끼고 있거든. 개울 유역의 마을하고 가아리마을하고 총 13개 마을인데, 그 마을의 목표를 '꿀벌과 반딧불이가

＊　유네스코에서 선정하는 3대 보호지역(생물권보전지역, 세계유산, 세계지질공원) 중 하나로, 전 세계적으로 보전 가치가 있고 지속가능발전을 지원하기 위한 과학적 지식, 기술, 그리고 인간 가치를 제공할 수 있다고 인정되는 생태계 지역을 말한다. www.unescomab.or.kr 참고.

사는 마을을 만들자' 이렇게 세우고 서화1리부터 구체적인 계획을 세워서 한두 명이라도 시작을 하고 나머지 12개 마을은 교육을 더 해야 하고. 집중적으로 만나야 하는 건 군대겠지. 그간의 축적이 있고 정성이 있으니까. 군대는 국토 방위와 지구 방위를 잘 할 수 있는 핵심적인 군대가 될 수 있도록 12사단에 좀 더 조직적인 노력을 해야겠지.

이런 걸 하려면, 생명살림 국민운동 재가동을 의논해서 재가동하고, 그 운동에서 새로운 생명의 정치운동을 하는 사람들이 많이 발굴되면 좋겠어.

전범선 힘이 다 하실 때까지 생명살림 국민운동을 해주시면 저희 젊은이들이 나무심기, 양삼심기 운동으로 결합할 수 있을 거 같아요. 생명살림 국민운동은 여러 조직들이 생겨야 가능한 거잖아요. 지금 말씀해주셨던 지혜와 방법론들을 말씀해주시고 계시면, 사람들이 모일 것 같거든요. 운동에는 정신적 지주가 필요하니까요. 오늘 대화를 하면서 2030년 전에 민간 차원에서 생명살림 국민운동 같은 운동을 할 수 있을 거라는 희망이 생겼어요. 당장 저는 신월리에서 무엇을 할 수 있는지가 보이는데요.

그리고 작년에 신월리와 연이 닿은 이후, 동해물 활동가들이랑 회원들이랑 같이 평화생명동산에 가서 나무를 심었었어요. 나무심기는 고등학교 때 식목일 행사에 강제 동원된 이후론 처음이었는데, 이제껏 동물해방운동이든 기후생태정의 운동이든, 비판하고 부정하고 투쟁해야 하는 운동이었는데, 뭔가를 심는다는 행위 자체가 무척 새로웠고 아름답게 느껴졌어요. 그게 해방운동과 살림운동의 차이인 것 같기도 하고요.

앞으로 생명살림 국민운동을 어떻게 전개해갈지, 계획이 나오면 좋겠습니다. 사실 기후위기를 생각하면, 무엇보다도 저희 세대와 미래 세대의 문제고, 앞으로 제가 선생님 나이가 됐을 때의 날씨가 어떨지, 지구환경이 어떨지가 너무 두려운데요. 나무 심자, 양삼 심자, 매우 단순한 건데, 많은 이들이 생각하지 못하고 있었을 거고, 금 모으기 운동만큼이나 굉장히 구체적이고 실현가능하고, 실천했을 때 다음 단계가 또 보이는 운동 같습니다.

정성헌   대중운동은 구호가 쉬워야 하잖아. 그래서 1 2 3 운동을 3 2 1로 실천한다고 그랬지. 먼저 줄이는 걸 일상적으로 하면서, 심는 걸 그 다음에 하고. 3 2 1로 실천한다. 그러니까 단순한 뭔가가 이처럼 딱 들어와야 돼, 뭔가를 할 때는.

둘째 마당
평화, 생명의 자기실현

생명평화운동의 실상,
생명살림운동

전범선　　제가 동물해방운동하다가 생명살림 생명평화
운동하시는 분들을 만난 후에 가장 먼저 가졌던 의문은 동
물해방, 민족해방, 민중해방, 여성해방, 이런 말들은 무척
이해가 쉽게 됐거든요. 하지만 생명평화라는 말은 잘 와닿
지가 않았어요. 생명평화가 뭔가요? 그리고 '동산'에 갔더니
이름이 '생명평화동산'이 아니고 '평화생명동산'이더라고요.
생명평화랑 평화생명은 또 뭐가 다른 건가, 그건 또 생명살
림하고 다른 건가? 지금도 사실 헷갈립니다. 왜 인제는 '평
화생명'인지부터 설명해주시면 좋을 것 같아요.

정성헌　　이실직고 하라, 그건데. 나는 그 둘이 같다고 봐,
사실은. 궁극적으로는 같은데, 생명평화를 인제에서 평화생
명이라고 하는 건…우리 내부에서도 그런 얘기를 많이 했지
만, 원래는 '생명평화'인데, 사람은 좀 더 시급한 걸 앞세워야
하기 때문에 '평화생명'이라 한 거지. 이게 후방에 있으면 그
냥 생명평화동산이에요. 그런데 인제는 3분만 가면 민간인

DMZ평화생명동산

통제선 초소가 있기 때문에, 거기는 평화라는 게 아주 시급한 거란 말이에요. 눈에 보인다고, 사실은. 그래서 사실 같은 건데, 강조 때문에 그렇게 이름이 지어진 거고.

　　우리가 가톨릭 농민회 활동할 때, 구조적 모순과 대결해서 그걸 극복하는 걸 '농촌사회 민주화'라 그랬어. 하지만 구조적 문제만 해결된다고 좋은 세상이 오는 게 아니라고, 자기 스스로가 공동체적인 삶을 살아야 해. 그걸 뭉뚱그려 '생명공동체운동'이라고 했는데, 처음에는 생명 자와 공동체 자 중간에 가운데 점을 찍었거든. 그러다가 여러 생명 자체가 공동체인데 뭔 소리냐, 그래서 그 점을 없앴다고. 생명평화운동도 마찬가지라고 봐요. 생명과 평화가 궁극적으로 같은 건데, 운동 현장에서는 시기와 장소에 따라 다르게 쓰면 되겠지. 늘 바탕은 생명운동이지만 어떤 때에는 현실적인 평화를 강조하면서 생명운동을 일으키는 것도 있고.

그리고 나는 주로 이런 얘기를 하는데…"보이지 않는 걸 보려고 노력하는 건 엄청나게 중요하다." 특히 "보이지 않는 마음을 봐라." "상대방의 마음, 자기 아내의 마음을 봐라." 싸울 일이 별로 없어, 아내의 마음만 보면. 그 마음을 안 보고 자꾸 딴 걸 보니까 서로 다투는 거지. 보이지 않는 그 마음을 보자는 말이에요. 대중운동도 마찬가지지. 보이지 않는 보통 사람들의 마음을 보려고 노력해야 한다고.

농업의 경우는, 진짜 생명의 농업이 되려면 보이지 않는 미생물을 봐야 해요. 그러니까 보이지 않는 미생물이 왕성하게 생명활동을 하는 걸 보려고 노력했을 때, 그 땅이 좋아진다고. 땅이 살아나면 김매기를 조금은 하잖아. 그럼 조금만 해도 지렁이가 확 나온단 말이야. 눈에 보이지. 그런데 지렁이가 다 중요하지만, 보이지 않는 지렁이를 좀 더 보려는 마음의 노력이 있어야 해. 표토 아래 18미터까지 지렁이가 있다고 해. 그러니까 추상적으로가 아니라 실제로 자기 삶이나 생명의 세계를 윤택하게 하는 데 보이지 않는 걸 보려는 노력은 매우 중요하다고. 나는 그걸 상당히 강조하는 사람이야. 보이지 않는 걸 보려는 노력과 보이는 걸 제대로 보는 노력, 이 둘이 결합되었을 때 그걸 '보는 거'라고 말하는 거란 말이야.

보이지 않는 표토 아래에 있는 것을 우리가 잘 살리면 땅이 좋아진다는 건 누구나 알아. 그런데 지금 우리가 화학비료 쓰는 석유화학 농법을 너무 많이 해서 보이지 않는 생명체들이 죽지 않냐, 보이지 않는 생명체가 죽으면 땅이 죽는 거지. 땅이 죽으면 어머니로서의 대지는 끝나는 거지. 어머니가 모든 걸 받아들여서 모든 걸 다시 산출하는 거 아냐. 그래서 생명운동에서 제일의 과제는 결국 흙의 생명을 살리는 구체적인 일이 된다고. 그러니까 생명운동은 구체적으로 들어가면 생명살림운동이야, 상당히 동적인 거야 그야말로. 근사한 철학도 될 수 있지만, 엄청나게 실천적이고 동적이에요.

그래서 나는 결론을 이렇게 내려. 마을교육을 하러 갔다고 가정을 해보자고. 땅이 죽어가고 있으니 땅을 살리려는 노력보다는 현행 농업 방식대로 해서 물건을 근사하게 만들어서 빨리 높은 값에 팔아먹으려고 하잖아. 그리고 나 같은 사람을 만나면, 은근히 기대를 많이 하거든. 농산물 판매에 도움이 될 것 같으니까. 그럼 내가 그래. 파는 게 중요한 게 아니고 좋은 농산물을 생산하는 게 중요해. 좋은 농산물이라는 건 뭔가, 그건 생명에 이로운 농산물이야. 그 생명에 이로운 농산물을 만들려면 땅을 살려야 하고, 땅을 살리려면 당신이 좋은 사람이 돼야 비로소 땅이 살아난다고. 결론은, 너와 내가 좋은 관계를 맺고, 좋은 사람이 되는 거야.

20년 정도 됐구나…귀촌 귀농하는 사람들한테 뭐 팔아준다는 얘기 하지 마라, 좋은 사람끼리 관계를 맺는 데 주력해라, 그래야 성공적으로 뿌리를 내리지. 뭘 서로 해준다고 하면, 관계의 유효기간은 뭘 해줄 때만 유효해.

평화의 문을 여는
생명의 열쇠

전범선　　　말씀을 들어보니 생명이라고 하면, 조화로운 삶을 어떻게 살고 어떻게 생명을 살리냐, 이런 얘기여서 좋은 얘기라고 느껴지고요. 평화라고 하면, 전쟁과 분단을 겪은 현실에서는 어떻게 죽임을 막고 폭력을 막을 건가, 이런 얘기로 느껴지는데요. 그런데 그러한 것들이 사실 생명의 가치에서도 중요하니까요.

83

사실 운동의 입장에서 보면, 생명과 평화가 하나일 수밖에 없겠지요. 생명이 평화롭도록 하는 것이 생명평화 운동이라고 생각하는데요, 평화라는 말을 들으면 어떻게 하면 전쟁을 막고 남북관계를 좋게 할 것인지가 먼저 떠오릅니다. 지난 번에 평화생명동산에서 열린 청소년영화제 때 심사위원을 했었는데요, 전부 6·25 얘기만 하더라고요. 그래서 아마 그런 맥락에서 평화와 생명이 붙어서 나온 게 아닌가 하는 생각이 듭니다.

그러면 이사장님이 항상 말씀하시는 "생명의 열쇠로 평화의 문을 연다"는 말은 뭐예요? 저는 생명공동체를 만들겠다는 전략으로 이해하는데요.

정성헌 그러니까 조금 전에 바탕이라는 얘기, 알맹이라는 얘기도 했는데 바탕과 알맹이가 모두 생명이 아니면, 평화가 거의 올 수가 없지. 모든 생명이 자기실현을 하는 조화로운 세상, 그게 '평화'거든.

자, 개인 얘기로 해보자. 내가 다섯 살 때 6·25가 났었거든. 인민군이 말이야 상당히 빨리 내려왔기 때문에, 어머니하고 누나들하고 나하고, 이만한 솥단지를 지고 피난을 갔어. 그러니까 원주 부론면 피난민수용소에 있었거든. 전쟁, 그러면 나는 뭐가 떠오르냐면, 피난민수용소에서 전염병으로 죽은 사람들을 구덩이에 버린 장면이 가장 먼저 떠올라. 그때 너무 많이 전염병이 도니까, 완전히 죽지 않아도 갖다 버렸거든, 빨리.

전범선   살처분한 거네요, 살처분.

정성헌   그렇지, 빨리 격리를 해야 되잖아. 그리고 또 한 장면은, 그게 참 이상한 게, 피난민수용소를 떠나서 오는데 …우리 고향이 소주 고개에서 보면 저 끝에 보이거든. 춘성 군 남면 방곡리 도장골, 그런데 소주 고개에서 보니까 복사 꽃이 환하게 피어 있는데, 그게 진짜 복사꽃이 핀 건지, 내 기 억이 그랬는지 그건 모르겠는데, 하여튼 그렇게 그 장면이 떠올라.

그 다음에 중공군이 들어왔을 땐 피난을 못갔어. 겨울 에 중공군 소규모 병력이 우리 집에 와 있었다고, 40명 정도 가. 나중에 생각해보니, 그게 팔로군八路軍이거든. 그런데 제 공권 때문인지, 낮에는 가만히 집에서 다들 자.

그리고 우리 집에서 2km를 가면 경춘선 기차 강촌역 이 있잖아. 거기 가서 손 흔들고 그러면, 그때가 6살, 7살인 데, 미군 병사 흑인 병사 백인 병사가 초콜릿을 던져줘.

그러니까 나한테 전쟁, 평화는 매우 구체적인 느낌으

로 다가와. 평화에 대한 생각을 많이 하게 되었고, 결혼한 후 우리 집사람하고 아이들 이름을 짓는데, 우리에게 가장 소중한 가치를 물려주자, 그래서 평화라고 지어놨지. 그래서 첫째가 평이, 둘째가 화야.

전범선　　저희 할아버지도 춘천에 계셨어요. 저희 할아버지는 춘천 분이 아닌데, 전쟁 때문에 춘천에 군인으로 왔다가 사시게 된 거죠. 그래서 전쟁 얘기를 많이 하셨죠. 어쩌면 그게 가장 큰 차이인 것 같아요. 저희 세대와 바로 윗세대는 전쟁을 겪어보지 못했는데요, 체험 세대와 체험하지 않은 세대. 조금 전에 전쟁 때 사람을 매장하는 걸 제가 살처분이라고 말씀 드렸는데, 그 지점에서 평화라는 담론과 생명이라는 담론이 이어지는 게 아닌가 싶어요.

　　저도 역사를 공부한 이유가 강원도에서 태어나 살다 보니 강원도가 남강원도랑 북강원도로 나눠져 있고, 내가 그것 때문에 군대를 가야 하고…왜 분단이 되어 있는 건지, 이런 근본적인 질문이 컸어요.

생명의 특성과 아름다움
그리고 생명의 사회 만들기

정성헌　　　그렇구만…. 그런데 생명운동을 제대로 하려면 올바른 이론과 실천이 결합되어야 할 텐데, 좀 더 쉽게 사람들이 이해할 수 있게 하는 노력이 중요하다고 봐. 생명의 특징이 뭐냐면, 살아있기 때문에 그렇겠지만, 생명이란 건 따뜻해. 어머니 돌아가실 때 임종을 지켰는데, 돌아가신 다음에는 빨리 차가와지더라고. 내가 생각하는 생명의 제일 특징은 따뜻한 거야. 그리고 이것을 발전시켜서 운동도 따뜻해야 돼. 증오심을 가지고 운동하면, 그 운동이 잘 안 돼. 마음이 따뜻해야 해. 해월 선생님도 나무순 같은 거 꺾지 말아라 그러거든.

　　　또 생명의 특징이 뭐냐면, 생명은 부드러운 거라고. 살아있는 부식토를 만져보면 부드럽고 손을 넣어보면 그 안이 따뜻하잖아. 그리고 그런 곳은 동물들도 잘 커요.

　　　지금 화학농법을 많이 해서 땅이 딱딱하고 차갑고 그래요. 딱딱하고 차갑기 때문에 그걸 다시 부드럽게 하려고 그렇게 깊이 갈아엎는 거야. 그럼 더 딱딱하게 되고. 그러니까 역행을 하는 거죠. 땅을 부드럽고 따뜻하게 하면, 생명을 살리게 되면, 깊이 갈아엎고 관리를 안 해도 돼. 신경을 안 써도 된단 말이야.

우리사회를 생명의 사회로 만들려면, 생명의 알맹이의 특징인 따뜻하고 부드러운 사회를 만들어야 하는데…운동은 그럼 어떻게 할 거냐? 나는 실천적인 의미에서 이런 생각을, 이야기를 많이 해. 차갑고 딱딱한 운동은 오래 못 간다. 분석으로 끝나면 차가운 거야. 그걸 가지고 어떻게 부드럽고 따뜻한 세상을 만들 거냐 생각해야 한다고. 분석 자체가 목적은 아니잖아, 그런데 분석 자체로 끝나면, 합리적이냐 아니냐 그런 것만 따지면 안 돼…어제도 내가 춘천의 청년들에게 얘기했어. 운동을 너무 어렵게 생각하지 말고, 좋은 사람이 먼저 되어야 한다고. 예를 들어, 전범선이가 주장하는 게 이론적으로 맞아서가 아니고, "아 그 전범선이가 얘기한 거라면 맞는 거야." 이렇게 될 수 있어야 하는 거거든. "걔가 얘기하면 틀림없어." 그런데 이런 소문이, 평판이 넓게 퍼질수록 운동의 영향력이 좋게 되지. 그런데 "그 자식, 말은 맞는데, 사람이 형편없어요." 그러면, 그 운동은 안 돼. 차갑게 분석을 하지만, 그건 따뜻한 걸 만들기 위해서 차갑게 분석하는 거지. 운동이 잘 되게 하려면, 우선 잘 들여다봐야겠지, 들여다볼 때는 상당히 객관적으로, 뜨거운 눈으로 보면 안 되잖아, 차가운 눈으로 봐야 하고. 그렇게 해서 만들려는 부드럽고 따뜻한 세상, 그게 아름다운 세상이겠지. 따뜻한 뭔가와 부드러운 뭔가를 합치면 그게 아름답다는 걸 거야, 아마. 그러니까 생명의 세상, 평화로운 세상, 그게 제일 아름다운 세상이지.

다른 말로 하면, 생명은 절대가치라 이거지, 상대가치가 아니란 말이야. 상대가치는 적당한 게 좋은 거예요. 그런데 절대가치는 많을수록 좋은 거야. 생명은 또한 중심가치란 말이야, 주변가치가 아니라. 절대가치이면서 중심가치인 생명. 그리고 생명의 또 하나의 특성은 다양성인데. 그럼 다양성을 이해하고 존중하는 세상을 어떻게 만들 거냐. 또 하나, 생명은 서로 관계를 맺고 산다는 특성이 있어요. 그 관계성을 이해하고 강화해야 하는데, 지금은 자연과 인간의 관계가 극도로 나빠져 있어요. 그러니까 인간과 자연이 공존하는 관계를 어떻게 만들 거냐, 관계성을 어떻게 강화할 거냐라는 과제가 있는데….

특히 우리사회에서는 그 관계성이 강화되려면, 남녀관계가 우선 진짜로 좋게 돼야 한다고. 그걸 흔히 양성평등이라고 하는데, 난 양성평등을 넘어서야 한다고 봐. 양성평등만 따지면 싸우게 돼. 그걸 넘어서 그것보다 더 높은 가치를 이야기해야 한다고 봐. 그래서 난 동학의 가르침이 나왔다고 봐. 공경으로 가야 한다고. 여성을 공경하고, 남성을 공경하고, 그 공경의 눈을 가지고 또 다른 생명을 공경하고. 관계성을 강화하는 데 우리나라에서는 특히 남녀관계를 더 좋게 하는 게 중요하다, 그리고 그 다음에 나이 든 세대와 젊은 세대의 관계를 좋게 하는 것, 대도시와 지방의 관계를 좋게 하는 것, 도시와 농촌을 좋게 하는 것이 중요하다.

이런 바탕 위에서 나아가면, 이게 상당히 평화롭게 하는 힘이 있잖아, 그 힘을 가지고 남북관계를 풀어가야겠지. 그리고 동북아 관계를 좋게 해야 하는데…내부 관계가 엉망이고, 자연과 인간의 근본적 관계가 파괴된 상태에서 평화 얘기를 하려니까 안 되는 거지.

분단체제 극복의 마중물, 한반도 생명공동체운동

전범선　　　남북강원도협력협회 이사장 직을 맡으셔서 협회 일을 하셨는데요, 어떻게 하시게 된 건지 궁금합니다.

정성헌　　　남북강원도협력협회에서는 이사장을 했고, 남북강원도교류협력위원회에서는 기획단장을 했어. 그러니까 민관이 힘을 합쳤고. 보통 '협치'라고 하지. 아마 우리 때가 그게 제일 잘 됐을 거예요.

전범선　　　2000년대 초반이었나요?

정성헌　　　1998년부터 2016년까지 18년. 남북 강원도 교류 협력 사업은 자랑해도 되는 사업인데, 당시 북에서도 그랬어. 자기네 협력 사업 중에서 가장 믿음이 가는, 신뢰하는 사업이라고.

　　　그런데 앞으로 남북관계가 어떻게 될 것이냐, 이 주제에 대해 최근 많이 얘기들을 하는데…현실적으로 조건에 따라 이게 달라져. 국제적인 조건, 남북 조건, 이게 늘 다르거든…

　　요새는 한반도 생명공동체로서의 남북교류협력 사업에 주력을 해야 남북관계가 풀리지, 그냥 평화로는 안 돼. 왜냐면 예를 들어 9 · 19 합의 같은 건 그냥 없애버리면 그만이거든. 상호도발 한 방에 없어지는 수가 있어. 하지만 생명의 공동체를 만드는 노력을 하면, 비록 시간이 걸리지만, 그건 오래 갈 수 있다는 거지. 예를 들어, 백두대간을 통해서 한반도 생명공동체를 만든다면, 생물산업을 본격적으로 해보자고 한다면, 또는 동해를 살려내는 일을 같이 한다고 하면 이야기가 달라지지. 동해를 생명의 바다로 살리는 일을 남북이 힘을 합쳐 실천하면 일본과 러시아, 중국도 참여자로 뛰어들 수 있고. 우리가 주도권을 쥘 수 있어. 남북이 그걸 통해 바다를 살리고 한반도 생명 전체를 윤택하게 할 수 있어요. 동해만 해도 면적이 97만 ㎢다. 우리 남북이 22만 ㎢밖에 안 돼…. 예전에 서해 쪽에 NLL 조정할 때 노무현 대통령이 뭐라고 설명했냐면 "안보의 지도에 평화의 지도를 덮었다"고 그랬어. 그런데 그걸 조금 더 깊이 생각해서 "생명의 지도에 평화의 바다를 만든다"고 하면 어떨까.

　　자, 생각해보자. 환경운동하는 친구들 중에서 조력발전 반대하는 친구들이 꽤 있어. 그런데 조력발전을 해보니까 생명에 그렇게 해롭지 않다는 게 많이 증명이 됐어. 우리 나라도 시화 조력발전도 해보고. 세계 최초의 조력발전소가 프랑스 랭스Rance 조력발전소*인데. 만일 '생명의 바다'를 생각한다면 북한의 해주만이 시간당 200만 KW 정도의 발전을 할 수 있거든. 그런데 지금 북한의 발전 용량이 900만 KW에요. 북한의 수요 중 거의 1/4을, 자연이 베풀어주신 힘으로 해결할 수가 있단 말이야. 그게 바로 한반도 생명공동체를 만드는 거지. 시간은 걸리겠지만, 생각 자체를 그렇게 해봐야 한다고.

개인적인 체험으로 보면, 사실 북쪽 사람들하고 얘기할 때, 그런 게 의외로 많아. 하나만 이야기해보자고. 북에가면 자랑하는 게 술인데, 술 중에 들쭉술을 자랑해. 들쭉이란 열매가 영어로 블루베리거든. 저 백두산 삼지연三池淵 쪽에 그게 많아. 북강원도 북부 쪽에 많아. 그걸로 술을 담근단 말이지. 그 들쭉술이 대개는 10달러거든. 30달러 짜리도 있고. 30달러 짜리는 무척 좋아. 그런데 바로 그게 일종의 생명산업 아니냐고. 들쭉이라는 생명체의 열매에 인간의 노동이 개입해 그걸 발효시켜서 술이 된 거란 말이야. 그러니까 미생물이 작용을 해서 술이 된 거란 말이야, 그게 생명산업이라고. 그래서 내가 그때 하도 그 술을 자랑하길래, 그랬어. 백두산 백초 효소를 만들어보라고. 백두산에 있는 풀을 백가지 수집해서 그걸 발효시켜보라고. 그럼 그게 100달러 짜리가 아니고 200달러, 300달러 짜리가 된단 말이야. 이게 생명산업이란 말이야. 그렇게 생명산업으로 돈 벌 수 있다는 얘기를 나는 많이 해.

전범선 　남북강원도교류협력위원회에서 18년간 하셨던 사업 중에 기억에 남는 생명공동체 사업이 있으신지 궁금합니다. 기억에 남는 좋은 북쪽 사람이 있었는지도요.

정성헌 　연어 얘기를 해야겠네. 지도를 안 그릴 수가 없네. (지도를 그리며) 여기가 원산이야. 여기 도청 소재지라고.

원산에서 조금 내려오면 안변에 남대천이라고 있어. 양양 남대천에 연어가 많이 오잖아. 그런데 안변 남대천이 더 커요, 엄청나게 큰 강이라고. 여기다가 1년에 500만 마리[개체] 연어 새끼를 부화하는 부화장을 강원도에서 지어줬다고. 500만 마리[개체]씩 생산해서 이걸 풀으면 이게 베링해까지 갔다 오는 거예요.

그래서 당시 우리의 계획은 남북이 힘을 합쳐서 1억 마리[개체]를 내보낸다는 거였지. 연어는 소하성 어족溯河性 魚族*이기 때문에 반드시 자기를 풀어놓은 곳으로 돌아오잖아.

(지도를 가리키며) 여기 휴전선을 흐르는 강, 남강이라고 있어. 황석영의 《장길산》에 고성의 힘센 총각이 남강에서 노는 장면이 나오는데, 바로 그 남강이지. 남강에서 방류하면, 해금강 쪽으로 빠져나가거든. 그래서 1996년에 수산청에서 5만 마리[개체] 새끼 연어를 구해서 이곳에서 방류를 했어. '연어사랑 시민모임'이라는 걸 만들어서, 여기, 철책 바로 앞에다 방류를 했지. 그럼 이게 베링해까지 갔다 오는 데 3년

---

* 일생의 대부분을 바다에서 생활하되, 번식하기 위해 하천, 호수 등지에 거슬러 올라와 알을 낳는 성질을 소하성이라 한다. 소하성을 보이는 어류를 소하성 어족이라 한다.

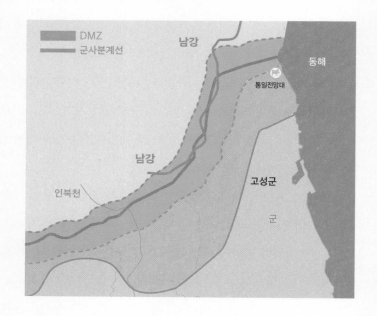

에서 5년 걸리거든. 돌아올 때는 북한의 이 강으로 오니까 북한 사람들이 이걸 잡을 수가 있잖아. 그래서 우리가 보내준 거예요.

나중에는 남북 강원도 합의가 돼서는 다음 해에 금강산 그쪽 개울이지, 걔네들은 적벽강이라 그러데, 거기다 55만 마리[개체]를 수조차에 싣고 가서 방류했어. 한꺼번에 보내주면, 새끼 연어들이, 문학적인 표현을 써보면, 정말 쏜살같이 나간다, 쫙 풀어주면 까맣게 그냥 나가지. 이걸 어떻게 표현해야 되나….

전범선　　　 불가에선 방생放生이라 하는데, 원조 동물해방 물결이셨네요.

정성헌　　　바로 그거야. 해마다 이 일을 했어. 북한 사람들이 상당히 고마워했었는데 나중에 이 사업이 모두 중단이 됐지. 남북관계가 나빠지면서….

　　　생명을 알맹이로 한 산업, 그런 건 할 게 의외로 많아. 그러니까 생명의 끈으로 서로 연결될 수 있게 하는 사업, 즉 한반도 생명공동체 사업을 하면 UN이 제재도 못하고, 제재해도 무시하고 해버리면 돼. 세계의 양심이 우리 편이라고. 그렇지 않은 건 전부 사정을 해야 하잖아. 미국, 중국에게 사정해야 하고. 그런데 내 생명에 대해선 사정할 게 뭐가 있어, 큰소리 치면서 해도 된단 말이야.

한국사회 내부갈등과
청년문제

전범선   생명공동체가 뭔지, 저도 조금은 의아했었는데, 말씀을 들어보니까 그냥 '한식구'라는 거네요. 같이 먹을 것을 나누고, 한집에 사는 사람들처럼. 그런데 그게 성공하려면 조금 전에 말씀하신 남북관계도 그렇고, 우선 우리가 좋은 마음을 가지고 베풀 수 있어야 성사될 수 있는 것 같아요.

연어사랑 실천도 그렇고, 기본적으로 내 마음이 평화로워야지 나와는 다른 상극인 상대방과의 평화도 상상 가능한 것 같은데…. 그렇다면 지금 선생님께서 보시기에 한반도 생명공동체를 위해서는 우리나라에서의 양극화 갈등, 젠더 간, 세대 간, 지역 간 갈등을 먼저 해결하는 게 우선인지요? 많은 경우 평화를 얘기하면 국제관계만을 생각하는데요, 내 마음의 평화나 우리 집안의 평화는 생각하지 않잖아요. 평화라는 것, 현실적으로 어디서부터, 어떻게 시작해야 할까요?

정성헌   그걸 내게 좀 알려줘.

전범선   저희 세대는 북한하고 뭘 하는 게 상상이 안 가거든요.

정성헌   꼭 남북이 아니고 양극화니, 남녀 문제니, 세대 간 문제니 하는 것들, 이런 거 어떻게 해야 해?

전범선   제가 이 대담을 하는 이유와도 관련이 있는데요, 제 또래 친구들은 굉장히 소외되고 고립돼 있다는 느낌이 들어요. 거의 다 혼자 살고 있고요. 옛날에는 공동체 하면 집안에 여러 세대가 같이 살기도 하고, 당연히 여자와 남자가 같이 사는 게 기본이었기 때문에 관계의 끈이 깊어지잖아요. 그런데 저희 세대는 거의 비슷한 또래 아니면 같은 성별이랑 보내는 시간이 제일 큰 것 같아요. 그러다 보니 사회에서 다른 성별, 다른 세대, 다른 계급의 사람들과 관계의 끈을 깊이 하는 경우가 매우 적어졌어요. 그리고 디지털 사회에 살다 보니 자기와 비슷한 취향의 사람들과만 교류하게 되고요. 그래서 사실 선거 때도 많이 드러났지만, 젠더 갈등이 굉장히 심각하고, 남북문제나 한일 관계에 대해서는 아예 관심 자체가 없어지는 게 당연한 시대가 됐고요.

그렇기 때문에 저희 세대는 우울증도 많고 공황장애도 많고 ADHD도 많고…이런 정신의 아픔, 마음의 아픔이 많은 것 같아요.

그래서 평화의 가치를 이야기할 때, 굉장히 총체적 난국처럼 저는 느껴져서요. 저는 저희 친구들이랑은 각자 마음의 평화를 찾자고 해요. 명상하고 요가하고 등산하면서요.

그런데 지금은 각자도생의 시대다 보니 이런 큰 얘기를 하면 매우 먼, 나랑은 몹시 먼 얘기처럼 느껴진단 말이죠. 저는 사실 이게 같은 문제라고 확신해요. 주변 친구들에게도 비거니즘이나 페미니즘이나 남북문제나 결국 다 같은 문제다, 결국 생명의 문제고 평화의 문제다, 얘기를 하죠. 하지만 그게 그들에게는 잘 안 와닿는 것 같아요. 그런데 선생님 말씀을 들으면, 거의 모든 것들이 마음의 수양에 바탕을 두고, 거기에서 우러나와서 자연스럽게 하게 되는 운동이네요. 연어를 방류할 생각도 사실 무슨 냉철한 전략으로 하는 게 아니잖아요. 그건 마음이 평화롭기 때문에 되는 것 같은데요.

마음에서 우러나오는 이 따뜻한 부드러움이, 평화로 생명공동체로 가야 한다는 게 선생님의 핵심적인 말씀 같은데요. 저희 세대가 지금 그 길을 못 찾고 있습니다.

정성현　　　많은 젊은이들이 우울증과 공항장애에 빠져 있다는 건데, 나도 그런 얘기를 많이 들었거든. 어느 정도 심각한 건가?

전범선　　　통계로는 ADHD나 우울증 있는 이들이 30~40% 된다고 하던데요, 정확하게는 모르겠지만. 저희 세대에게는 20세기랑 21세기는 본질적으로 다르게 느껴져요. 20세기는 억압이 많았잖아요. 독재, 전쟁, 가부장제도 있고요. 그래서 화병이 나셨잖아요. 뭔가 꽉 누르는 느낌이 드셨다고. 그런데 사실 저희들은 억압이 적어요. 대신 과잉이 많아요. 콘텐츠도 많고, 볼 것도 많고, 놀 것도 많고, 너무 많아요. 도시 사람도 너무 많고, 생명이 절대가치이기에 많으면 좋다 하셨지만, 사람도 너무 많아요. 모든 게 과잉이 되어 있기 때문에 대체로 '붕 떠 있는' 느낌이에요. 그러니까 우주 진공 상태에서는 어떤 정해진 방향도 없이 붕 떠 있기 때문에, 어디로 갈지도 모르고 광장 한가운데 딱 그냥 있는 느낌…저도 정도의 차이는 있지만 그렇게 느끼고요. 저는 정신적 아픔을 크게 느끼진 않았지만요. 그런 게 기본적으로 저희 세대에 깔려 있어요. 억압이 없으니까 어디로 가야 하지? 뭘 해야 하지? 왜 살아야 하지? 이런 질문들이 많은데, 이런 감정에 대해서는 윗세대랑 공감하기가 힘들어요. 이런 고민은 윗세대가 봤을 때는 '배부른 소리'니까요.

다른 한편으로는 사실 생존보다는 실존의 문제거든요, 이건. 젊은 세대들의 고민은 그래서 '평화'라 하면 남북관계보다는 내 마음의 평화고, 생명이라 하면 내가 당장 스스로 목숨 끊지 않고 살아갈 이유를 찾는 정도로 치환이 돼요. 지금 저희 세대 중에서, 특히 비건운동을 하거나 채식운동, 기후생태운동하는 친구들이 더 예민한 친구들이거든요. 이런 생명의 문제에 민감할수록, 막막한 위기가 있다고 생각하니까 구체적인 뭔가를 굉장히 갈구하는 거죠.

오늘 말씀하신, 연어 방생하는 사업도 한반도가 다 같이, 한식구로서 한살림으로 밥을 나누는 거잖아요. 물론 저희는 연어를 안 먹지만, 밥을 나누는 일을 생각하니, 굉장히 구체적으로 이해가 돼요. 비건으로 산다는 것도 밥을 나눈다는 것이고. 하지만 이런 문제들은 한반도의 정치 현실과 전쟁 경험을 빼고서는 생각할 수가 없잖아요. 저희 세대의 문제의식 그리고 한반도의 정치 현실, 이 간격을 좁히는 게 정말 절실한 시점인 것 같아요. 특히 앞으로 기후생태위기가 심각해지는 10년에는요.

저희 세대가 고용 문제도 겪고 있고, 사회적 안전망이 약한 사회에 살고 있지만, 사실 그건 전쟁 세대가 겪은 절대적 빈곤이랑은 또 다르잖아요. 절대적인 물리적인 식량의 부재라기보다 사회적 안전망 또는 공동체로부터 도움을 받지 못하는 게 문제죠. 예전에는 배가 고파도 가족이나 친척, 이웃의 도움으로 밥을 먹을 수 있었던 건데, 지금은 혼자서 편의점에서 사먹어야 되거나 그걸 하기 위해서 혼자서 아르바이트를 해야 하는 상황이 많잖아요. 저희끼리도 기존의 혈연 본위 가족에 대한 대안으로 취향이나 실천 방식 같은 것을 중심으로 대안 공동체를 만들려고 하는데요. 그게 사실 저희가 신월리에 가게 된 이유기도 하죠.

정성헌 이건 내가 조금 이야기를 해야 할 것 같아. 20세기 중반에 《자유로부터의 도피》라는 책도 나왔는데, 자유를 확보하니 오히려 자유로부터 도피해서 어떤 강한 질서 속에 있고 싶어 한다는 역설을 이야기한 게 에리히 프롬이라는 사람이지. 조금 전에 과잉 얘기를 했는데, 과잉으로부터의 도피일 수도 있지, 그게.

그리고 이 '디지털'이라고 하는 게 상당히 강력하게 영향을 주고 있는 것도 사실인데….

젊은이들 이야기인데, 최저임금이라는 게 확립이 됐지만, 보름 정도 아르바이트 하면 사실 얼마 안 돼, 80~100만원 정도 되는데…그러면 주인에게 그냥 한마디로 "내일부터 안 나와요." 이렇게 말하는 이는 그래도 좀 괜찮은 젊은이고, 그냥 문자로 보내, "내일부터 안 나옵니다." 그리고 돈 받아 가지고 그 돈 쓸 때까지, 잠깐 짧은 여행을 하든지, 게임을 하든지 그러는데…그런 얘기를 내 젊은이들한테 들었어. 그리고 우리 지역에서도 "일하면 하루에 15만원은 버는데, 왜 일은 안 하고 불만이 많고 우울하냐, 일해라." 그런 말을 하고 싶은 마음들이 많아. 그런데 정작 그 말을 못해.

같은 집에 살아도 중요한 문제를 얘기를 안 하고, 서로 눈치를 보는 집이 많아. 결과적으로 1인 가족이 지금 전 가구의 35%를 넘어버렸지만, 가족이랑 살아도 혼자 사는 거나 마찬가지인 상태가 의외로 많은 게 지금 우리의 현실이란 말이지.

그럼 그걸 어떻게 할 거냐? 나는 교육의 문제, 인문학의 문제, 이런 게 복합된 거라고 보는데, 어디에다 책임을 물으려는 건 아니지만, 책임의식을 더 많이 가져야 할 영역은 있다고 봐요. 나쁘게 말하면, 종교계와 교육계와 언론계에 있는 사람들 중에 이런 현실에 그냥 얹혀 있는 사람들이 있고, 또 그걸 가지고 돈벌이하는 이들이 있어요. 특히 교육계를 잘 봐야 한다고 봐. 이런 문제를 풀려면 까놓고 얘기를 해야 하는데, 우리는 외형적인 걸 가지고 주로 얘기한다는 문제가 있어요. 교육계에서도 진보교육감이냐 보수교육이냐,

이렇게만 분류해서 얘기를 하는데, 우리 교육에서 참된 진보라는 게 뭔가, 이 주제가 얘기가 안 되는 거지. 어떤 분위기 때문에 그런 건데, 교육이 어디로 가야 하는지에 관한 근본적인 얘기를 서로 안 하고 넘어간다고. 정직하게 얘기들을 서로 안 해. 정직하게 지적도 안 하고. 그저 방법론을 가지고 주로 얘기를 해. 이게 우리의 중요한 문제라고 의논을 안 해요. 근본적인 우리의 과제는 논의가 안 된다는 거지.

전범선   공동체를 위해서도 사실 공동의 몸만 있어야
되는 게 아니라 마음이 있어야 되잖아요. 그러니까 결국 공
동체 구성원이 같이 공유할 수 있는 목표나 지향점 같은 것
들이 완전히 무너져버린 것 같아요. 그게 과거에는 부국강
병이 됐든 민족중흥이 됐든, 어떤 공통의 역사적 사명이 있
었고요. 가족이라는 단위가 있었을 때는 가부장의 권위가
있고, 가족이 같이 공동체로서 해야 할 목표가 있었는데…
저희 세대 때는 그게 다 무효해져버리니까, 심지어는 국가
가 부여하는 의미도 사실 무효하고, 기업이 제시해주는 것
도 그렇고요. 그만큼 디지털 노마드로 살아가면서 왔다 갔
다 하면서 산다는 것은, 내가 공동체의 일원으로서 다른 이
들과 공유하는 어떤 공통의 지향가치가 없다는 거죠. 그렇
기에 그걸 '인문학의 부재'라고 볼 수도 있을 테고요. 저는
'영성의 부재'라고 생각하는데요. 과거에 종교가 했던 역할
을 해줄 수 있는 나침판이 없어서도 그럴 텐데, 저희 세대는

다른 사람들이나 다른 세대와 얘기할 때 기본적인 공통분모가 없는 거죠. 우리가 이걸 왜 같이 해야 되는지. 그래서 과거에는 평화나 통일도, 대한민국 사람 중 누구도 반대하는 사람이 없었다고 한다면, 지금은 "왜 통일해야 해?" 같은 얘기가 나오고 있고요.

그런데 조금 전에 생명이 절대가치라고 하셨잖아요. 사실 이에 대해서는 진보냐 보수냐, 좌냐 우냐, 이런 이분법이 전혀 무의미하게 보이더라고요. 그래서 새로운 인문학, 새로운 영성, 새로운 어떤 공동의 선을, 공동의 가치를 저는 생명에서 찾고 있는데요. 그렇다면 어떻게 이것을 저희 세대에게도 쉽게 마음에 와닿게 공유할 수 있을까를 고민하게 됩니다.

우리의 생명평화운동 역사를 어르신들에게 물어보면 대개는 다 동학을 이야기하시던데요. 결국 그 시작은 동학이었던 거죠. 선생님께서도 운동을 하시면서, 생명평화운동이 종교통합 운동이라고 보시면서 하셨던 건지, 아니면 동학의 부활이다, 다시 개벽이다, 이렇게 생각하시면서 하셨던 건지 궁금합니다. 또 언제나 도리와 이치를 말씀하세요. 그런데 그 말이 저는 매우 영성적인 말들로 느껴지거든요. 굉장히 일상적이지만 영성적인 말들. 저희 세대에게 무척이나 필요한 말들요. 교회에는 못 나가겠고 어떤 절대

가치는 갈망하는 저희들에게 매우 필요한 말들인데요.

정성헌 조금 전에 말한 공동체 붕괴는 늘 몸으로 느끼고 있어. 어딜 가거나, 동네를 가거나 다 그렇지.

그리고 교육과 동학 얘기가 나왔는데, 먼저 교육 얘기를 하면 지극히 주관적인 생각이지만, 난 교육을 개혁하면 엄청나게 많은 새로운 생명의 힘이 올라올 거라는 확신은 있어. 왜냐면 평화생명동산에서 그리고 많은 곳에서 얘기를 나눠보면 그래. 가톨릭 농민회 시절부터 한 교육을 대강 계산해보면 약 15만 명 정도를 교육 장소에서 만난 것 같아. 평화생명동산에서는 대개 10~30명 선에서 많이 만나는데, 어린이집 꼬마들부터 노인, 군인 등 내가 가장 다양하게 만날 거예요, 사람을.

그런데 가만히 생각을 해보면, 고등학생들 대학생들은, 내 느낌이 그래서 그런데, 그 자리에서 '큰 통일' 이야기를 하면, 진짜 눈빛이 달라지는 거 같아. 나는 이런 생각을 해. 진짜 나의 실존에 관계된 통일 얘기들을 안 하고, 왜 그냥 민족통일 얘기만 할까? 큰 통일, 즉 우주적·지구적 시민으로서의 통일을 생각할 수가 있는데 말이야. 이 얘기를 내가 이렇게 자세히 하는 건 뭐냐면 나 정도 되는 사람이 얘기를 정성껏 해도 눈빛이 달라진다, 이 말이거든. 그런데 이걸 제대로 교육하면 얼마나 많이 달라질까.

난 상당히 이 점에서 낙관을 해요. 아무리 지금 사람들이 원자화돼 있어도 사실 그렇지 않다는 거죠.

그리고 공동체 붕괴는 지금 자네가 정확하게 얘기한 건데, 앞으로 더 해체되고 붕괴되겠지. 그래서 우리사회에서 제일 많이 나타나는 게 협동조합이야. 예전에 소비자생활협동조합법 입법 추진위원장을 내가 했었어. 그때 불만족스러웠지만 생활협동조합법도 만들었고. 그 전후로 한살림 창립에 관여했었고. 한살림 초기 생산자들은 80%가 가농 회원이라고 보면 틀림없어. 요새는 아니지만. 지금 한살림이라는 게 정확하게 얘기하면 소비자협동조합이잖아. 단어 자체는 생활협동조합이 맞는데, 지금은 실질적으로 소비자협동조합이야. 그러니까 생협이 잘 안 돼. 생협이라는 이상을 실현하려고 초기 지도자들이 일본에 가서 견학을 많이 했어. 이 자리를 통해서 내가 꼭 얘기하고 싶은 분이 있어. 그분이 일본에 견학 가서 많은 사람들을 깨우치게 했는데, 그분 이름이 생협 역사에 없어. 그래 내가 기회만 된 그분 얘기를 해. 그분이 누군가 하면, 경기도 화성군 반월면 저수지 옆에 살던 이건우라는 분이지. 화성에 야마기시 가이(산안회) 농장 있는데, 그게 다 그 형님도 협력하신 결과물이라고.

그 형님이 안내해서 약 40여 년 전에 일본에 견학을

간 적이 있는데, 거기 가서 놀란 게 하나 있었어. 거기는 교육을 무척 중요시하는데, 교육할 때 진행자만 있지 강사가 없어. 예를 들면 이런 거야. 난 그런 교육이 좋다고 보는데…몇십 명이 빙 둘러 앉아서, 각자 가지고 있는 것 중에서 가장 소중하다고 생각하는 걸 내놔봐라, 그러면서 얘기하기 시작해요. 그럼 어떤 사람은 결혼 반지도 내놓고. 그럼 왜 그게 중요한 건지 하나하나 자꾸 캐고 들어가. 결론이 나올 때까지 들어가는 거야. 그래서 조금 전에 자네가 얘기한 '영성'이라는 용어는 안 쓰지만, 자기 마음이 중요한 거라는 결론이 나오는데….

내가 놀란 게 뭐냐면, 젊은 여성이 와서 반지를 하나 가지고 싶다 그래. 그 여성이 반지를 가지고 싶어 했는데, 어떤 모양의 반지를 원하는지 이야기를 듣고, 이 사람들이 의논을 하더라고. 그러니까 그 여성이 원하는 반지를 사주기로 합의가 됐어. 귀금속 가게에 가서 사다 준다, 이렇게 된 거지. 상당히 만족을 해서 갔어. 그런데 대화를 해보니까, "저 사람이 약 6개월 후에는 틀림없이 저 반지를 빼놓는다, 필요 없다는 걸 알게 된다"고 하더군. 그러니까 기다리는 거지.

그런 공동체를 내 가봤었잖아요, 몇 군데. 미국, 유럽 이런 데도 우수한 공동체가 많잖아. 일본에는 그런 공동체가 엄청나게 다양하고 많아.

그런데 우리나라 생협이 생활협동조합의 면모를 갖추다가 소비자협동조합으로 변질된 건 어떻게 설명해야 할까? 교육이 잘 안 된 문제가 있지만, 그보다 근본적인 원인은 세상이 바뀐 거야. 휴대폰으로 신청을 하면 배달이 가능하잖아, 안 만나도 된단 말이야. 특히 코로나 이후로는 배달 부문이 무척 커졌어. 전 사회적으로도 그렇지만 협동조합도 휴대폰으로 하는 배달 부문이 너무 커졌다고. 그러니까 자본주의 시장의 편의성이 압도를 하고 있단 말이에요.

그럼 이걸 어떻게 이겨낼까? 예전에 규슈에서 5개 도시를 평화강연차 돈 적이 있는데, 용감한 사람들이 있더군. 물량 위주의 협동조합을 과감히 버리고 소수의 협동조합을 하더라고. 세계에서 제일 잘 하는 공동체 협동조합이 몬드라곤 협동조합인데, 거기는 500명이 넘으면 살림을 새로 내주잖아. 일본이나 우리나라 같은 경우는 협동조합을 합병을 해서 크게 만드는데. 우리나라에서 제일 큰 협동조합이, 농협은 순천이야. 순천시 전체가 하나의 농업협동조합으로 돌아가는데, 그렇게 하면 시장경쟁력이 무척 세지거든. 그러나 협동조합이 원래 추구하는 가치는 퇴색하는 거지.

한살림을 필두로 생협이 생겼지만, 한살림도 고민이 많지. 한살림 같은 생협도 다시 협동조합의 가치를 살리려면 여러 가지 중에서 교육이 제일 기본이니까 교육에 중점을 둬야 한다고 내 그랬어. 본격적으로, 평생교육을 하자 그랬지. 교육을 기본으로 현재의 변화된 사회에 맞는, 그러나 그걸 앞질러 가서 보람을 느낄 수 있는 공동체운동을 만들어낼 수 있다는 점에는 확신이 있어, 나는.

경험에서 나온 수치인데, 앞으로 협동조합을 만든다면, 소비자 700가구가 조합원이 되면 수지 균형이 이루어져서 그 다음부터는 흑자로 가거든. 대강 이렇게 알아도 돼. 소득 수준 중하층을 기준으로 1년에 한 가구가 구매하는 액수를 평균 40만원으로 보거든. 700가구로 계산하면 2억 8천이니까 약 3억이 된다고. 그럼 그 가운데 15% 정도 남는다고 보면, 약 4,500만 원 정도 여유가 있게 되니, 그걸 교육비나 인건비로 쓸 수가 있어. 계산이 아주 쉽지.

700가구를 모이게 하는 데 보통은 1년 반이 걸려. 그런데 교육을 하니 이게 6개월 걸리더라고. 기초를 튼튼히 쌓는 게 오히려 빠른 거라고.

1980년대, 1990년대 대전 한살림 초기에 내가 관여를 많이 했어. 협동조합 안에 좋은 공동체를 만들었는데, 채소 또는 대체육 중심의 생산자 공동체를 만들 수도 있고, 도시 쪽에서는 소비자 공동체를 만들 수도 있고, 식당 공동체를 만들 수도 있고. 그러니까 여러 유형의 작은 공동체가 큰 협동조합 안에 들어와서는 그 작은 공동체들 사이에서 공동체

활동이 이루어지게 할 수 있거든.

    지금 자네들이 이런 걸 한다면, 내가 보기에는 역설적으로 더 잘 될 거야. 왜냐면 지금은 공허해서 그래. 혼자서는 어떤 갈망이 있어. 나 자신이 인간답게 살자는 갈망과 더불어, 개인으로서는 안 되니 함께 노력을 해서 크게, 지구생명공동체 또는 우주생명공동체를 만드는 데 함께하고 싶다는 생각을 할 수 있잖아. 난 그런 사람들이 많이 있을 거라고봐. 이익과 보람이 통합된 어떤 공동체를 만들 수 있는. 이익이라는 건 상당히 중요한 거예요, 누구든 생활을 해야 되니까. 생활이 되게 하면서 동시에 엄청나게 보람이 있는 공동체를 생각해보면, 나는 오히려 지금부터 적기라고 봐. 우울하고 좌절하고 공허감을 느낄 때인 지금이 적기란 말이야.

평화, 불안,
욕심, 연습

전범선　　관계가 필요하고, 관계를 잘 맺기 위해서는 공
동체를 만들어야 하고, 그걸 위해서 교육을 잘 해야 한다
까지 얘기가 흘러온 것 같습니다. 평화로운 관계란 무엇일
까요?

정성헌　　평화라는 건 평화학자들이 말하는 것도 있지만,
내가 생각하는 평화가 있어. 사람을 포함한 뭇 생명이 자기
실현을 하는 조화로운 상태, 그걸 나는 평화라고 보는데….
자기실현을 하는 작은 지역공동체도 있을 거고, 대한민국의
평화도 있을 거고, 지구 평화 같은 것도 있을 텐데, 나는 그것
의 모습을 생각해봐. 그럴 때, 나의 평화가 제일 중요하다는
거지. 내가 평화롭지 않은데, 어떻게 평화 얘기를 하냐 말이
지. 평화로운 관계가 되냐 말이야.

　　내가 실제로 겪은 걸 얘기해볼게. 2003년에 위암 판정
을 받고는 위암 수술을 하러 서울대병원에 갔어. 암 수술을
하려면, 침대차 같은 데 태워서는 쭉 밀고 가잖아, 마취실까

지. 그런데 그 전에 전신 마취하고 수술한 경험이 있어서, 도망가고 싶단 말야. 뭔 핑계를 대든지 해서 도망가고 싶은데, 그런 생각을 하면서 마취실 입구까지 왔어. 그런데 바로 그때, 이런 걸 신비라고 하는데, 느닷없이 화두가 찾아왔어. 그 전까지 도망가고 싶은 마음뿐이었어. 그런데 그 느닷없이 온 화두라는 게 뭐냐면 "생명이 생명을 먹고, 생명을 생명에 맡긴다"라는 구절이라고. 그건 내가 생각한 게 아닌데, 그냥 떠올랐어. "생명이 생명을 먹고 생명을 생명에 맡긴다." 그래서 마취실에 들어가고 마취가 되고 나중에 깨어났는데, 대개 마취 전후에서 생각한 건 기억이 안 난다고 하거든. 그런데 선명히 기억이 나더라고. "생명이 생명을 먹고 생명을 생명에 맡긴다"는 구절이. 이게 뭐냐? 생각을 조금 했다고. 생각을 하니 조금 알겠더라고. 아, 이게 이런 거로구나! 생각을 조금 하니, 생명의 차원 변경이 죽음이냐 등 이 생각 저 생각 하다가, 마음이 상당히 평화로워졌거든.

그런데 평화롭다 해도, 늘 평화롭지는 않잖아. 그래서 내가 절감을 한 게, 평화도 연습을 해야 된다는 거야. 평화도 연습을 해야 된다. 실천 연습을 해야 돼.

우선 인사말도 잘 해야 하고. 암병동에 가면 공통점이 뭐냐면 아, 이제 죽었다면서 포기를 하는 거야. 그런 사람들이 너무 많아. 그들하고 대화를 하면서 격려하고 위로하는 게 상당히 좋은 거야. 그러면 나한테 상당히 이익이 생기더라고. 내가 많은 사람을 위로하면, 뭔 놈의 먹을 걸 그렇게 많이 갖다 주냐. 내 침상 옆 탁자에 엄청나게 많아. 이거 마셔봐라. 특히 할머니들이 그래. 만약 할머니들만 표를 찍는다면 내가 뭐가 되겠더라고. (웃음)

뭔 연습을 해야 하냐면 결국, 남하고 불화하고 자기가 불안해지는 게, 욕심이 많아서 그렇더구만. 불교의 가르침만은 아니고, 가만히 생각하니 그래. 욕심을 없애면 그게 해탈인데. 욕심은 못 없애지, 나 같은 사람은. 그래서 내가 꾀를 냈어. 욕심을 좀 줄여보자. 완전히 내 계산인데, 욕심의 실체를 100이라 치고, 1을 줄이고 또 1을 줄이고 그러다가 약 50을 줄였다, 그럼 내친 김에 더 줄여보자, 이렇게 해서 예를 들어 약 80을 줄이면, 부처의 경지까지는 못되더라도 꽤 그럴싸하잖아, 그게 평화의 경지다…그렇게 생각해서 연습을 어떻게 했냐면…욕심이라는 게 여러 가지가 있잖아. 제일 기본적인 식욕하고 성욕, 이런 생득적인 건 빼놓고, 지배욕 즉 권력욕과 물욕과 명예욕이 있다고, 사람에게.

제일 쉬운 게 물욕을 줄여보는 거야. 그게 돈이라고, 주로. 그 당시에 춘천이나 인제를 오갈 때, 전철에서 돈 구걸하는 사람이 많았었어. 지금은 없던데, 그때는 많았었다고. 그 사람들이 돈을 달라고 하면, 돈을 줘야 되겠구나. 그 전에는 좀 배운 놈이라고, 거지가 없는 세상을 만들 생각을 해야지, 했는데 이제는 그게 아니고, 돈을 주면서 그런 세상을 만들 생각을 하자고 방침을 바꿨어. 그래서 돈을 가지고 연습을 하는데, 처음에 돈을 주려고 하니까, 주머니 안의 동전과 종이돈 중에서 종이돈 주는 게 아깝더라고. 동전을 주게 돼. 그래서 내가, "야 임마, 종이돈을 줘야지, 사람이 그렇게 짜가지고 되겠냐!" 그렇게 나한테 얘기를 하면, 그 다음에는 천 원짜리를 줄 수가 있고, 5천원 짜리를 줄 수가 있고, 그 다음에 1만 원짜리를 줄 수 있고…5만 원은 역시 아깝더구만. (웃음) 그러니까 연습을 하면 이게 올라가지, 주는 게.

　　예를 들어, 어떤 할머니가, 이 사람은 거지는 아닌데, 종이상자 모아서 리어카에 담아 끌고 가는데, 그 할머니를 밀어주고 나서 1만원을 주려고 하는데, 그새 이 할머니가 어디 저쪽 골목으로 가버렸어. 한참 쫓아가는데 못 찾았어. 그때 내가 후회한 게, 돈 주려고 할 때는 바로 줘야 해. 조금 있다 주면 안 된단 말이야. 그런 게 연습이라고, 내가 보기에는. 그러면, 욕심을 줄일 수 있어. 조금씩 조금씩. 많이 줄지는 않아. 그때, 아, 이렇구나, 이렇구나, 알게 돼. 남한테 주는 건 빨리 줘야 해. 그리고 줬다는 사실을 빨리 잊어버려야 해.

　　그래서 많은 건 줄 수 없지만, 그런 식으로 줄 수 있는 게 있다는 건 알 수 있지. 그게 자꾸 연습이 되면 점점 더 중요한 걸 줄 수 있고.

그리고 권력욕이라는 건 이를테면 자기 의사를 관철하려는 거 아냐. 자기 의견이 꽤 좋은 건데, 안 받아들여지면 화가 난단 말이야. 그렇지 않을 수 있다는 경지가 그렇게 쉬운 건 아냐, 내가 보기에는. 특히 글 깨나 읽거나 운동권이라면 이런 게 더 하지. 그건 명예욕하고도 관계가 있지. 자기를 안 알아주면 화가 난단 말이야. 내 얘기도 중요하지만 저 사람 얘기도 꽤 중요하다는 정도의 경지까지는 가야 해. 그러나 그것도 연습을 해야 하겠지.

우리끼리 모여서 노는 조그만 단체가 있어. '경청'이라는 단체인데…. 그런데 마누라가 그러더라고요. 아니, 마누라 얘기도 안 들으면서 뭔 경청을 하냐고. 그래서 내가 이랬지. 이 사람아, 내가 그런 사람이 되기 위해서 경청 모임을 한다고. (웃음) '경청' 초기에 그런 얘기를 했어. 내 마음의 소리를 한번 경청해봐야겠다. 그러니까 나의 소리를 내가 듣는 거, 그 다음에 너의 소리를 듣는 거, 그리고 궁극적으로는 자연의 소리를 듣는 거. 난 그런 경청이 됐으면 좋겠다고. 그런 얘기를 하고 나니까, 그거 근사하더라고.

음악 그리고 너와 나의 평화
(가정, 학교, 산업현장)

전범선　　　평화를 조화라고 정의하셨는데요, 조화가 하
모니잖아요. 음악도 제가 혼자 하는 게 아니고, 5명이 함께
밴드를 하거든요. 서로 경청하고 서로의 소리를 하나의 하
모니로, 하나의 화합으로 만드는 게, 제 직업인 거죠. 그런
데 밴드 음악을 하다 보면, 조금이라도 서로를 경청하지 않
거나 조금이라도 서로를 의심하거나 믿지 않으면 절대 좋
은 소리가 안 나와요. 5명이 하나의 소리를, 하나의 울림을
만들어야 하는데, 그게 결국 조화더라고요. 그래서 제가 이
것을 처음 깨달았을 때, 밴드 이름을 '전범선과 양반들'에서
'양반들'로 바꿨어요. 그 전까지는 제가 곡을 다 만들어서
양반들한테 줬었거든요. 지금은 지리산에 가거나 해남에
가거나 캘리포니아 사막에 가서 자연의 소리를 들으면서,
서로 경청하면서 즉흥적으로 만들어요. 즉각적으로 반응하
는, 재밍jamming이라고 하는데, 즉흥 연주를 하면서 음악을
만들어요. 그런데 그렇게 하다 보니까, 아 이게 진짜 조화
고 오행 순환이고, 그렇게 느끼고 나니까 드는 생각이, 국회

에서도 우리가 합주를 하듯이 대화를 해야 하는 게 아닌가 하는 것이었어요. 또한 공자님이 왜 예와 악을 얘기했는지가 저에게는 그냥 직업적으로 이해되는 거죠. 안 그러면 음악이 안 나오니까요.

그래서 오늘 말씀하신 것들을 짚어보면, 공동체가 필요한데, 결국 관계에서 공동체가 만들어지고, 공동체의 본질은 결국 한식구라는 거고, 그 공동체를 지속가능하게 하려면 교육을 잘 해야 하고…. 그리고 교육과 관련해서는 경청과 동학의 경敬을 말씀하셨는데요. 경청과 공경이 제가 밴드를 하는 방식이자 이유인 것처럼 느껴졌어요. 그게 풍류기도 하고요.

저희 밴드는 5명의 공동체이고, 저희가 사실 형제 같은, 의형제 같은 사이인데요, 밴드 멤버 중에서 상극인 친구들이 있어요. 늘 티격대격하고요. 사주를 봐도 한 명은 불, 한 명은 물이고 그래요. 그래서 그런 친구들이 어떻게 같이 좋은 소리를 낼까, 이런 고민을 하거든요. 이거 무척 어려워요. 너무도 어려운데요. 이 고민을 한반도 전체, 우주 전체의 차원에서 고민해오셨고 그 답이 경청이고 공경이라는 말씀을 해주셨는데, 그 말씀이 제게는 정말 와닿았고요, 그걸 어떻게 저희 동지들이랑 실현할지 고민이 됩니다.

그런데 저는 동학에 대해 얘기를 하고 싶어요. 예전

에는 동학 하면 전봉준만 생각을 했어요. 2016년에도 광화
문 앞에서 "엎어보자" 그랬을 때도 전봉준을 빙의憑依해서
했던 거 같고요. 그런데 수운水雲의《용담유사龍潭遺詞》를 읽
어보니까, 깨달음을 노래한 거더라고요. 가사집이더라고
요. 저희가 밴드에서 하려고 하는 거랑 말씀하시는 조화와
상생이 매우 비슷하다고 느껴졌어요. 한국에서는 음악을
'딴따라'라고 하고, 음악하는 사람들이 정치적인 발언을 하
면 굉장히 싫어하지만, 저는 정치가 음악, 즉 하모니여야 한
다고 생각하는데요. 선생님께서 말씀하신 공경이 다른 말
로 하면 모심일 테고, 모시는 마음에서 경청이 나올 것 같은
데…그런 동학의 가치를 언제 어떤 계기로 알게 되셨고, 동
학이 지금껏 해오신 생명평화운동의 바탕이신 건지, 선생
님의 근본 바탕은 무엇인지가 궁금합니다.

정성헌　　음악 얘기가 나와서 하나 얘기하고 싶은데…. 내
가 평화생명동산 만들기 전에 춘천시 북산면 부귀리라는 산
골, 꽤 깊은 산골인데 거기 10년 있었거든. 거기에 가까운 선
후배들이 들락날락했어. 국악인 김영동도 그 중 한 사람이었
어. 하루는 서울에 가서 며칠 있다가 우리 마을로 들어오는
데, 마을 이장이 태워다줘서 함께 들어왔지, 그런데 어쩐지
동네 느낌이 무진장 가라앉고 슬픈 거 같애. 동네 분위기가

왜 이러냐, 그랬더니, 그러더라고. (그 전에 내가 우리밀살리기 운동본부 본부장이었는데) 본부장님 나가신 다음에 한 명이 자살하니 또 누가 자살을 했고, 그 뒤에 또 죽고 해서 세 명이나 죽었어요, 그래. 연쇄적으로 그렇게 됐어. 야, 그럼 어떡하냐, 그랬더니, 이장이 자기가 보기에도 너무 딱하다, 그래. 그래서 내가 영동이에게 어떤 자리에서 이 얘기를 했어요. 이렇게들 슬퍼하는데, 이거 어떻게 해야 되냐, 그러니까, "형, 슬픈 건 슬픈 소리로 풀어야 해." 그래. 그래서 우리 집으로 다 초청을 했거든. 그렇게 여러 명이 왔어. 그 자리에서 김영동이 대금 연주를 했지. 그때 아마 60대 초반쯤 될 거야, 어느 아주머니에게 물어봤어. "그래, 좀 어때요?" 그랬더니 "아유, 소리를 들으니까 좀 풀리는 것 같네." 그래. 그래서 영동이 보고 그랬지. "야, 음악이라는 게 대단하구나." 그리고 내가 입바른 소리를 했어, 그 자리에서. "음악이 대단하긴 한데, 나는 네 음악보다는 자연의 소리가 더 좋다." 그 얘기는 안 해야 하는데, 말이야. 그랬더니 영동이가, 사람이 된 사람이야, "아, 형은 예술은 모르고 예술가만 만나서 그러는데, 자연의 소리는 누구도 흉내낼 수 있지만 누구라도 자연의 소리는 못해." 그러면서 자기 음악관을 얘기를 하더구만. 자기는 이런 이런 음악을 만들려고 한다는 거야, 즉 요샛말로는 평화의 음악을. 《삼국유사》에 나오는 만파식적萬波息笛 있잖아,

그 경지를 얘기하더라고. 그래서 진짜 내가 한수 배웠지. 얼마나 좋은 얘기야. "사람은 자연의 소리를 흉내낼 수는 있지만 자연의 소리를 하지는 못한다." 자기는 평화의 음악을 만파식적으로 할 거다. 그래서, 야 이거 대단하구나, 그랬지.

그 다음에, 모심. 경敬. 공경한다는 건 결국 모신다는 거지. 보통 동학에서는 '시천주侍天主'라고 하잖아. 그런데, 내가 보기에 동학은 위대해. 시천주라 하면 사람이 곧 하늘이니까 나를 모시는 것, 모든 사람을 모시는 건데, 동학에는 또 '양천주養天主'라는 말이 있어. 하늘을 키워야 된다고. 그 다음에 '체천주體天主', 하늘을 구현하는 거야. 나는 이렇게 해석하는데, 그 기본이 모시는 거라고. 모셔야 키울 수 있고 구현할 수 있다고. 모시지 않고 그게 되냐고. 그냥 썰 푸는 거지. 각자 자기 속에 있는 그 하늘님이 커지는 게 양천주란 말이야. 그러면 그런 게 점점 깊어지고 커지고 넓어질수록 그런 세상이 구현되는 거지. 그러니까 시천주 양천주 체천주는 단계이면서도 하나라고 봐, 나는. 그것의 토대가 모심이란 말이야. 그게 공경의 핵심 알맹이지. 그 모심이라는 건 엄밀히 말하면, 깨달을 것도 아니고, 생명을 생각하면 바로 모실 수 있지. 생명이 어디서 왔나? 또 생명과 생명의 가장 올바른 관계가 어떤 것이어야 하나? 그걸 생각해보면, 그 올바른 관계가 드러난 게 바로 평화야. 말로 하면 그렇다 이거지. 난 말로 하는 것보다는 그냥 하는 걸 보고 싶은데….

조금 전에 '나의 평화' 얘기를 했어. 모심, 경, 이게 기본이 돼야 하지만, 너와 나의 평화가 중요하단 말이야. 즉, 인간사회의 평화가. 그리고 자연과 사람과의 평화. 그게 곧 궁극적인, 우주적인, 지구적인 평화인데. 너와 나의 평화를 이루기 위해서 나의 평화가 늘 작동이 되고 전제가 되어야겠지.

'너와 나의 평화'를 생각해보면 올해는 남북 간의 충돌이, 잘못되면 국지전이 일어나지 않을까 많은 사람들이 걱정하는데, 걱정할 만하지. 그런데 한반도 민족사회 말고, 우리 사회를 한번 보자고. 어디에서 너와 나의 평화가 깨졌을까? 내가 보기에는 가정이 제일 많이 깨졌다는 거지. 가족공동체의 평화가 과연 있을까? 있는 집이 꽤 있겠지, 하지만 없는 집이 더 많을 거야.

그리고 너의 나의 평화가 깨진 또 하나의 심각한 곳이 교육현장이야. 그런 세태를 비난하고자 하는 게 아냐. 운동장에서 뛰어놀다가 무릎을 다쳤는데 변호사를 선임해서 학교를 대상으로 고소했다는 얘길 내 들었어. 그게 뭐냐, 말이야. 그게 뭐냐고. 너와 나의 평화가 너무도 심각하게 깨졌어. 난 고소 고발이 많은 사회가 바로 그걸 나타낸다고 보는데… 뭐 문화의 차이고 제도의 차이가 있지만, 우리의 고소고발이 일본보다 단위 인구로 보면 50배 많아. 그 다음에 남 헐뜯는 거, '무고誣告'라고 그러지, 그건 100 단위로 더 많아. 물론 제도와 문화의 차이가 있는 건 인정을 해. 걔네들은 소소한 건 현장에서 변호사가 개입해서 소장 제출 안하게 미리 처리하잖아. 그런데 우리는 바로 그냥 고소고발하거든. 그렇지 않은 세상을 만들려는 운동권도 바로 고소고발하고, 국회도 바로 고소고발하고. 그러니까 검찰과 판사한테 권력을 그냥 줘버린 거야, 거기서 마음대로 하게. 그러고는 검찰공화국 얘기를 하고 있다고, 자기네들이 그렇게 한 거야, 엄밀히 말하면.

　　너와 나의 평화가 무참히 깨진 곳이 학교고, 그리고 한두 마디로 말하기는 어렵지만, 산업현장도 있어. 그런데 산업현장이라는 게 자본과 노동만으로 구성돼 있는 게 아니라고, 더 많은 요소들이 있다고. 그리고 노동자가 자기 노동을 통해서 노동의 가치를 임금으로 받아오긴 하지만, 노동자는 생산자이면서 또 소비자라고. 또 가족의 일원이라고. 여러 모습이 있어. 자본가도 마찬가지지.

　　실제로 있었던 일인데, 정세균 전 국회의장이 헌법 개정에 대한 열망이 상당히 높아서, 그때 여야 합의해서 개헌특위가 만들어진 적이 있어. 나도 개헌특위 자문위원으로 참여를 했고, 우리들은 기본권 총강 분과였었지. 우리 분과가 좋은 게 13명인가 그랬는데 여성이 7명이고 남성이 6명인가 그랬어. 여성이 한 명 더 많은데 이 사람들이 상당히 똑똑하고 괜찮은 여성 동무들이야. 그때 기본권 얘기할 때, 지금 대법관 하는 사람인데, 그 당시에 이런 제안을 하더라고. 재헌헌법에도 이익균점권이 있었는데 노동이사제를 도입하면 좋겠다. 그러니까 대부분 좋다, 그랬는데, 그러면 이왕이면 한 발자국 더 나가자고 내가 제안을 했어. 자본가의 입장을 대표하는 이사도 있고, 노동이사도 있는데, 경영자 의사를 대변하는 이사도 있으면 좋겠다, 그랬어. 소비자 이사도 있으면 또 좋겠다. 소비자 이사가 있었다면 애경이나 SK의 가습기 살균제 대형참사가 있었을 때 초창기에 바로 잡았을 거라고. 그리고 지금 생태계파괴 문제가 심각하고 기후변화가 심각한데, 자연의 입장을 대변하는 이사를 하나 넣어야 한다, 여기까지 가야 진짜 좋은 거라고 생각한다, 이렇게 다섯 부문을 대변하게 해야 한다…. 그런데 내 의견이 소수 의견이야. 다수가 채택하지 않더라고. 그래서 그때 내가 느낀 게 있어. 아, 우리나라의 현재 논의 단계는, 역시 자본과 노동으로만 보는구나. 그래서 제안을 또 했지. 얘기는 다 했는데, 인제에 와서 가볍게 노동도 하고 하루 좀 놀자고 했지. 그래서 그 분과가 인제에 와서 하루 놀았다고. 친밀한 교류, 이거엄청나게 중요해요. 그런데 중요한 모임일수록 몸을 쓰는 게 없어, 딱 앉아서 하잖아. 그러니까 우기게 되는 거야, 자기 의견만.

그래서 너와 나의 평화를 위해서, 산업현장에서 많이 애써야 될 게 뭐냐면, 아주 좋은 노조를 만드는 건 당연한 거고. 노사협상을 중심으로 하는 활동도 해야 하지만, 노동자들의 인문적 교양과 예술적 기회랄까, 그걸 어떻게 높일 수 있을까를 많이 생각해야 해. 노동자들이, 넉넉한, 조금 전에 얘기한 부드럽고 따뜻한 사람이 되게 하는 방법이 여러 가지 있을 수 있다고 봐, 우리는. 최소한 1970년대 노동운동에서는 이런 얘기를 했거든. 궁극적으로는 인간해방으로 가자는 거지. 그러니까 지금의 노동운동보다 훨씬 높은 걸 얘기했다고. 공부를 많이 해야 된다고 그랬다고, 노동자일수록 공부를 많이 해야 된다고. 그리고 진짜 공부를 많이 했어. 그래서 그때 노동운동한 사람하고 민주화된 이후에 노동운동한 사람은 상당히 달라.

하여튼 산업현장을 평화로운 현장으로 가게 하는 데는 자본가의 역할이 크지, 그러나 난 노동자의 역할이 상당히 크다고 봐. 내가 1980년대에 하던 얘긴데…자본가들이 존경하는 노동자가 돼야 한다고 그랬어. 단위 사업장에서는 사장이나 이사가 말은 못해도 속으로 "야, 상당한 사람이네." 이렇게 생각할 정도가 되도록, 자기가 그렇게 돼야 한다는 거지. 그러니까 산업현장에서의 평화는, 노동자가 매우 중요하다는 걸 잘 알지만, 더 깊이 있게, 더 폭을 넓혀 생각해야 한다는 거지.

그리고 남북의 평화는 어떻게 할 거냐, 그건 생명공동체로 풀기를 바라고 있고.

전범선　　결국 해방운동이든 평화운동이든, 상대방과의 관계를 통해서 공동체를 만드는 게 목표인데, 그걸 위해서는 상대방을 모시고, 그런 모심을 통해서 상대방을 공경하고, 더 중요하게는 상대방이 공경할 만한 존재가 우선 되는 게 평화의 시작이라는 말씀으로 이해했습니다.

동물해방운동할 때, 저희 입장에서는 아젠다가 단순해요. 사람들이 채식을 하도록 하는 거거든요. 그런데 이 운동의 방식도 두 가지가 있어요. 하나는 "왜 너 채식 안 해!" 이렇게 말하는 운동이고요. 반대로 내가 모시는 이 밥에 죽임이 없기를 바라는 마음으로, 좋은 마음으로 좋은 음식을 먹는 삶을 보여주고, 그걸 다른 사람들이 보고, 저 삶은 근사하고 존중할 만한 삶인 것 같다, 그렇게 생각하게 하는 운동이 있겠죠. 저도 처음에는 전자의 길을 많이 택했던 것 같아요. 그런데 이게 안 먹히더라고요. 거의 안 먹혀요. 그래서 그냥 내가 이렇게 잘 먹고 잘 살면 행복하다, 좋은 삶이라는 것을 굳이 어필할 필요도 없고, 내가 그런 분위기를 내고 있으면, 주변에서 나도 한번 고기를 좀 줄여보려고 한다는 친구들이 오더라고요. 그런데 그런 식의 운동을 평생 해오신 것 같고요.

그리고 저랑 대화하실 때도 저를 존중해주시는 게 느껴져요. 그런 태도가 우리사회에 많아졌으면 좋겠다는 게 저의 꿈이고요. 그래서 결국 되돌아오게 되는 질문은, 밴드 멤버들, 동물해방물결 회원들의 마음 살림을 어떻게 좀 더 좋게 할까거든요. 답은 없지만, '나부터 잘하자, 나나 잘하자', 우선 이것으로 귀결되는 것 같습니다. 하지만 범사회적인 분위기로 모심과 살림의 문화가 퍼지려면, 특히 저희 세대에게 전해지려면 무엇을 할 수 있을지를 좀 더 고민해보면 좋겠습니다.

정성헌 　　스스로, 함께, 꾸준히. 이게 운동의 가장 중요한 기조거든. 스스로, 함께, 꾸준히 해야 하지만, 어떤 땐 집중적으로 해야 해. 그러니까 그 '때'를 잘 알아야 해요. 집중적으로 할 땐 더 집중적으로 해야 해요. 올해하고 내년에는 상당히 집중적으로, 생명의 열쇠를 가지고 평화의 문을 여는 일을 해야 할 것 같아.

한반도 생명공동체

내부통일, 소통일, 대통일, 남북강원도교류협력위원회

전범선 저는 사실 소를 살리겠다는 마음이 인연이 돼서 이사장님을 만나 뵙고, 우연치 않게 생명살림운동을 알게 됐는데요. 파고 파다 보니까 결국 동학으로 가고, 또 풍류로 가게 되었어요. 사실 많은 젊은 사람들에게 동학은 낯선 얘기이고요. 그래서 기후위기와 동학이 어떻게 연결되는지 의아하게 여기는 것 같아요. 동학 이야기까지 가려면 많은 중간 단계들이 필요하겠지만, 이사장님이 중시하시는 '만사지식일완萬事知食一碗', 이 말씀이 가장 핵심적인 연결고리라고 생각하거든요.

  "생명의 열쇠로 평화의 문을 열고, 평화의 들판 위에 통일의 집을 짓자"라고 말씀하시는데요. 그만큼 통일은 가장 어려운 과제라는 말인지, 아니면 생명과 평화라는 선결 조건이 있어야 통일이 된다는 말씀인지, 어떤 이야기인지 궁금합니다.

  정성헌 통일이라고 해도 어떤 통일이냐를 생각해야 하는데, 아주 쉽게 말해서, 통일을 이루었는데 한반도 전체가 생명이 깃들 수 없는 형편이 된다면, 그 통일은 아무런 의미도 없겠지. 평화생명동산에서 탱크 한 대 봤잖아요. 그게 나의 통일 논리라고 할 수 있는데, 그 탱크 이름이 '삼태극三太極'(천지인天地人) 호예요. 그러니까 갈라진 남과 북의 통일임과 동시에 천지인의 통일, 이게 참된 통일이다. 그 꿈이 그렇게 크고 그윽해야 그 과정과 내용과 결과가 진정한 통일이 되는 거지, 지금처럼 몇 가지를 분석해서 나오는 통일론은 오히려 좀 삭막한 거 아닌가 하는 생각을 해. 상당히 남을 배타하는 통일이라고, 그게. 자연까지도 배려하는 통일이어야 하기 때문에…자연을 배제하는 통일은 우리에게도 별로 이롭지 않고, 인류에게도 이롭지 않다고 봐요.

거꾸로 얘기하면, 우리의 통일은 남과 북의 통일이자 인간과 자연의 통일, 그러니까 대통일이어야 한다…. 그렇기 때문에 이건 우리 민족에게 진정한 위업이 돼야 하고 인류에게는 문명이 한 발자국 크게 전진하는 대업이 돼야 한다. 그렇게 꿈을 크게 꿔야 한다고. 우리의 꿈은 그래야 한다고, 진짜. 그러니까 크게 놀자는 거지.

아무리 이론이 많고 많은 정보를 습득해도, 사람이 크고 깊지 않으면 까딱하면 자기도 해치고, 남도 해치고, 자연도 해치게 돼.

물론 정교하게 얘기할 때가 있어. 20년은 얘기해온 건데, 내부통일, 소통일, 대통일이라고 얘기하지.

내부통일은 말할 것도 없이, 구성원의 70% 이상 많은 이들이 합의하는 그런 통일이지. 남북교류협력할 때도 내부통일이 힘이 되지 무력이나 돈이 힘이 아니라고. 내부에서 통일이 되어 받치지 않으면 진정한 힘이 안 나온다고.

이건 내가 실제로 겪은 거니까 소상히 얘기를 하고 싶은데, 1998년 IMF 때 우리밀살리기 운동본부에서 책임을 지고 사퇴하고 고향으로 왔단 말이에요. 그런데 그해 한나라당 당적의 김진선 지사가 당선이 됐어요. 김지사에게서 전화가 왔어. 자기가 남북강원도교류협력위원회를 만들어서 하려하는데, 거기 단장을 맡아달라더구만. 그 사람은 고향이 동해고, 나는 춘천이고, 나이는 같지. 연락이 와서 만났지.

맡는 건 좋은데 조건이 있다, 그랬어. 말씀을 해보라고, 그래. 사실 이건 조건은 아니지만 제일 중요한 게, 내가 보기에는 1990년대 하반기만 해도 북이 돈을 많이 요구했다고…그런데 난 그게 옳지 않다고 보기 때문에 그렇게 얘기했는데, '현찰은 없다'가 중요하다고 했어. '현찰은 없다.' 돈은 없으니 못 준다. 그 다음에, 이건 내가 늘 나를 되돌아보고 또 우리 동료들이나 후배들한테 하는 말인데, '공을 세우려고 하지 말고 그 일이 되도록 하자'는 거야. 공 세우려고 하다가 망

처요. 운동도 똑같아. 뭘 한 건 하려고 달려들면 그거 망하는 길이거든. 공을 이루려고 하지 말고 일을 하자는 거지. 그게 첫째고. 그러니까 좋습니다, 그래. 둘째 조건은 '서두르지 않는다'야. 세 번째는 '단기적으로는 북한의 이익을, 장기적으로는 남북 강원도 양쪽의 이익을.' 세 가지 다 좋다고 하더라고. 마지막으로, 조건으로 말한 건 아니지만, 이런 얘기를 했어요. 마지막이 제일 중요한 거야. '모든 걸 협의하되, 간섭하지 않는다.' 이게 무척 중요한 거거든. 그러니까 좋다고 해서, 그래서 맡은 거야. 그리고 실제로 그렇게 했어, 사실.

내부통일 얘기를 해볼게. 평양으로 오라고 해서 거절하고, 2년 후야, 우리가 원산으로 갔다고. 우리의 첫 도착지가 원산이야. 대표 단장은 김진선 지사고 나는 민간 태표였고. 그때 십 수명이 갔어. 장전항에 내리니까 북쪽 사람들이 차를 가지고 나왔더군. 차를 타고 원산까지 갔지.

그런데 그렇게 갔다 오면 보고회를 한다고. 자유총연맹, 참전용사회니 하는 그런 분들도 오고. 중도, 좌익, 우익을 두루 초청해서 보고회를 상세히 한다고. 그러면 이른바 보수단체 쪽 분들이 그렇게들 고마워해. 실제로 고마워하는, 그런 표정이 있어. 왜냐면 그분들이 보기에는 내가 자기네 쪽이 아닌데, 이 사람이 그렇지 않단 말이야. 그렇게 속초, 춘천, 홍천, 원주, 강릉에서 보고회를 한다고. 그러니까 강원도

민의 70% 이상이 이 일을 지지했었어. 상당히 좋아들 했어. 그런 게 내부통일이야.

소통일이라는 말은, 내가 하는 말인데, 남북이 갈라져서 전쟁을 치르고, 사실은 상당히 증오를 하면서 오랫동안 대결을 했고, 또 4대 강국의 이해관계가 첨예하기 때문에, 통일이 쉽게 안 돼. 준비 잘 하고 노력하면서 하다 보면, 어떤 때 통일의 기회가 온다고. 틈이 생긴다고. 바로 그때, 그 당시의 수준과 상황과 준비에 맞는 정도의 통일을 하는 거예요. 나는 어떤 통일된 국가의 정형을 생각하지 않아. 예를 들어, 덕수궁 옆에서 서명대를 놓고 연방제 통일에 대해서 몇 년간 서명을 받았던 사람이 있었어. 그럼 통일의 기회가 왔는데 연방제 아니면 통일을 안 할 거냐고. 아니라고. 그러니까 어떤 국가 형태에 매이지 말아야지. 만일 우리가 힘이 크고 우리가 주도할 수 있으면 우리가 정한 국가 형태로 해도 되겠지. 그런데 그렇게 안 된다고. 그리고 그 틈과 그 기간이 오래 가지 않아요. 독일도 때가 오니까 바로 그렇게 해버리잖아. 그런 게 소통일이야. 심지어는 '그런 게 통일이냐!'는 수준의 낮은 통일이라도 해야 해. 커먼웰스commonwealth, 영연방 같은 통일까지도 할 수 있어. 아주 높은 수준의 통일도 할 수 있겠지만. 그게 소통일이고.

대통일은, 자네들이 많이 해야 해. 우리도 도와야 하

는데. 우리 한겨레가 현재 700만 명 이상이 약 200개 나라에 흩어져 살잖아. 4대 강국에 대부분 살고 있다고. 그런데 이분들은, 크게 보면 인류 형제자매고, 조금 좁혀서 보면 한겨레 동포인데, 영어로는 코리안 글로벌 네트워크 정도로 생각을 해서, 그분들이 거기서 참으로 괜찮은 사회적 역할을 하도록 우리가 도와야 해. 이스라엘이 해마다 세계 각국에 흩어져 있는 자기네 사람들을 초청하는데, 1년에 청소년 5만 명을 초청하거든. 그런데 우리는 고작 1,500명을 초청한다고. 너무 적어. 제대로 초청을 해야 한다고.

물론 조금 더 노력하기 위해서는, 분단·해방된 지 백 년이 되는 2045년까지는 하자라든가 어떤 목표가 있으면 좋겠지. 사람은 목표의식이 있는 게 좋으니까.

생명공동체적
접근

정성헌   남북 강원도 교류협력 일을 얘기해보자면, 남북
이 교류할 때 초기에는 우리가 좀 도와줘야 해. 당시에 우리
의 첫 번째 기조가 뭐였냐면, 조금 전에 얘기할 때 내가 빠뜨
렸는데, '현찰은 없다'가 아니라 '할 말은 다 하면서 진심으로
도와주자'가 제1기조야. 그게 난 제일 중요했다고 봤지.

　　　　이 일 하면서 재미 있었던 경험이 참 많아. 걔네들이
떠보면서 질문을 하는 경우도 봤지. 사람의 개성에 따라 다
른데, 시비조로 묻는 경우도 있고, 평상시대로 묻는 경우도
있고. 예를 들어, 왜 남조선은 미국과 일본에 그렇게 굽실대
냐? 주한미군 철수해야 하는 거 아니냐? 이런 질문들을 한다
고. 만약 이런 질문을 받는다면 어떻게 대답할 거 같아? 한번
대답을 해보라고.

전범선   왜 한국은 일본과 미국에 그렇게 굽신대냐? 이
질문에요?

정성헌　　　그래, 대답을 한번 해봐.

전범선　　　글쎄요, 그게 저도 의문이긴 해서….

정성헌　　　그런 게 대화 상대가 나를 저울에 달아보는 거라고. 이 사람이 어떤 사람인지를 알아보려고. 어떤 경우엔 무례하게 그렇게 하지. 나는 그냥 사실대로 말했어. 6·25 전쟁, 나는 한국 전쟁이라는 말을 안 써, 6·25 전쟁이 끝나고 잿더미에서 먹고 살 게 없으니까 1960년대에 수출을 많이 해서 먹고 살자고 했었고, 실제로 물건을 싸게 수출해서 먹고 살았는데, 그때 우리가 진짜 열심히 했고 물건을 가장 많이 사준 나라가 일본하고 미국이다. 우리나라 사람들이 가서, 걔네들 만나서, 우리 물건 좀 사달라고 사정도 하고 굽신대기도 하고 그랬는데, 그래서 지금은 먹고 살 만하고 우리보다 어려운 나라를 도와줄 수 있는 수준까지는 됐는데, 그게 뭐가 잘못이냐! 사실 그대로잖아. 그게 뭐가 문제냐고 그랬단 말이야. 그러면서 내가 한마디 다시 물어봐. "그럼 북은 어떤고?" 그런단 말이야. 당시가 힘들 때 아냐, 배고플 때. 그러니까 할 말이 없지. 그러니 그냥 사실을 얘기하면 돼. 이념적인 용어나 사회과학 용어를 쓰면 싸움이 되지만.

　　　주한미군 얘기는, 내가 농담으로 말하지. 남의 나라

군대가 와 있는 거 좋아하는 사람, 내가 보기에는 거의 없는데, 신라가 당나라를 끌어들였을 때, 당나라 군대를 어떻게 내쫓았냐? 그때 당나라 군대가 세계 최강이다. 7년 전쟁 해서 내보내지 않았냐. 그런데 내가 보기에는, 당시 당나라 군대보다 지금 미군이 더 세다. 미군을 어떻게 하면 내쫓을 수있는지 나한테 설명을 해주면, 내가 납득이 되면, 내가 내일부터 내쫓는 그 일을 할게, 그랬거든. 그랬더니 웃으면서 아니, 어쩌고 저쩌고…하더라고.

그러니까 지나가고 난 다음에는 알지. 이 친구, 남쪽에서 온 운동권과는 다른 부류구나.

한번은 원산 회담을 마치고 평양으로 가는데, 평양 들어가기 전에 강동군을 지나갔다고. 그러니까 황해도 쪽 고속도로에서 한번 쉬고, 다시 평양까지 들어가는 데 시간이 많이 걸려요. 길 가다가 내가 소변이 마려워 차를 세우고 소변을 보는데, 그때 북한 사람하고 같이 소변을 봤단 말이야, 길 옆에서. 그런데 아래쪽을 내려다 보니까 옥수수 밭이 있더라고. 나도 모르게 "아이, 저긴 고구마를 심어야 될 텐데 옥수수를 심었네." 그랬어. 땅을 대충 보면 알잖아. 나도 모르게 그런 말이 나갔단 말이야, 그게 뭐 의도하는 게 아니지. 그러니까 이 사람이 "농사를 아십니까?" 그래. "농사를 조금 짓고 있소." 그랬더니 "얼마나 지으십니까?" 그래. 그래서 "몇천 평

하는데." 그랬더니 "아이, 많이 지으십니다." 그래. 그렇게 해서 얘기가 됐어. 어느 사회나 그런 게 있는 거 같아. 내 손이나 모습을 보면 농사를 짓지 않는 사람 같은데, 진짜 농사를 짓거든. 그러니까 걔네 판단으론 이 놈은 인텔리겐챠인데, 직접 농사를 짓는다? 유별난 놈이네. 그러는 거지.

그래서 대화를 한참 나누고 농업에 대해서도 한참 얘기를 했어. 그러니까 내가 느끼기에는, 나를 대하는 게 상당히 달라지는 거 같더라고. 뭘 자꾸 질문을 해, 농업에 대해. 이런 것도 있었어. 우리는 논 한 평에 모를 서너개 씩 약 70여 포기를 심는다고. 그런데 북한은 140포기를 심는다고. 옥수수도 우리는 보통 뼘당 하나를 심어. 그런데 북에서는 한 뼘에 2개를 심어. 그러면 통풍이 잘 안 돼서 수확량이 많이 줄어. 많이 심으면 수확량이 늘 것 같은데, 그렇지 않아. 그날 그 버스 안에서 한 얘기인데, 우리는 옥수수를 이렇게 심는데, 여기는 너무 촘촘히 심어서 바람이 덜 통해서 숨이 차서 옥수수한테 안 좋아요, 그랬거든. 말을 그렇게 하면 무척 쉬워져. 논쟁적인 자세가 아니잖아. 진짜 옥수수를 아껴서 하는 소리잖아. 그럼, 서로 말이 된다고.

전범선   생명공동체가 목표가 돼야 한다고 늘 말씀하시잖아요. 그런데 그 생명공동체가 뭘까? 추상적으로 생각했는데, 옥수수를 몇 평에 어떻게 심는지도 그렇고, 연어 사례도 그렇고, 결국 먹고 사는 문제로 접근을 하면 되지 싶어요.

정성헌　　그렇게 접근하면 되지. 그러니까 내가 평소에 '불'(에너지) 문제 하고 '물' 문제하고 '밥'(식량) 문제를 해결하면, 기후위기를 최소 90%는 해결한다고 말하거든. 그런데 그걸 밥에서 풀어보자는 거지.

전범선　　지금까지 진행된 대표적인 남북 협력 사업이 개성공단이랑 금강산 관광이잖아요. 그 두 가지를 어떻게 보시는지도 궁금합니다. 특히 금강산 관광 같은 경우에는 남북 강원도에서 있었던 일이니까요. 앞으로 남북 협력이 된다고 했을 때, 구체적으로 뭘 할 수 있을지도 궁금한데요.

정성헌　　금강산 관광 사업이나 개성공단 사업은, 남북 관계에서 정말 한 획을 그은 사건이고, 엄청 중요한 걸 한 거지. 그런데 지금 중단되고 변질되어서 안 되긴 안 됐는데. 그러나 그 사업 자체는 그런 중요한 의의가 있어요.

　　그런데 조금 더 욕심을 내서 얘기한다면, 내가 보기에

는, 어느 정권이든 너무 서둘러서 그래. 서로 얘기를 좀 더 깊이 해서 다르게도 할 수 있다고.

금강산 관광이라는 건, 남북 이산가족이 만나는 장소로도 썼고, 그리고 관광도 했는데, 그게 사실은 상당히 돈이 됐어요, 당시에. 그게 주로 외금강과 해금강에서 이루어진 거거든. 나는 그쪽 동포들한테 얘기를 해. 관광 사업 잘 해서 돈 버는 거, 그건 좋다. 그런데 금강산이란 게 세계의 명산인데 그걸 다 돈벌이에만 쓸 수 있냐? 내금강은, 우리 남한 쪽에서 쓰는 말인데, 생태교육 관광으로 하자. 그런 얘기를 했어. 그런 걸, 좀 더 근사한 걸 제시해야 한다고.

돈 얘기만 하면, 바로 반박이 될 수 있어요, 남쪽 우파로부터. 바로 그 돈이 핵과 미사일로 우리를 겨냥한다는 거지. 그러니까 내부통일을 해가면서 해야 해. 내부통일은 정말로 중요해. 예를 들어, 한반도 연탄나눔 운동하는 후배가 있어. 그 후배한테 처음에 내가 그랬어. "너 처음부터 내부통일 방식으로 해라." 제안을 그렇게 했어. "그게 뭡니까?" 그래서, 우선 모금으로 연탄을 거둘 거 아냐. 거둔 연탄을 남한에서 연탄이 부족해 고생하는 사람들에게 먼저 주고, 그 다음에 북한을 도와주면 정권이 바뀌어도 계속 갈 수 있다, 그랬지. 그래서 처음부터 그렇게 했고, 상당히 이게 활성화됐어. 그런 게 내부통일 방식이거든.

심지어 통일을 반대하는 사람까지도 같이 얘기를 할 수 있어야, 그게 내부통일이고, 그래야 거기서 통일의 힘이 나온다는 말도 나는 해. 내부통일이라는 건 사실은 제일 중요한 거야.

전범선　일반적으로 금강산 관광이나 개성공단 얘기할 때 이명박 정부, 박근혜 정부 때 가로막혔다고 생각하는데, 말씀을 들어보니 김대중 정부, 노무현 정부 때 너무 성급하게 했고, 내부통일을 못 하면서 한 것이 문제였다, 그것도 우리가 간과하면 안 된다는 말씀으로 이해가 됩니다.

정성헌　서두른 건, 충분히 이해가 가지. 서두른 건 수십 년 됐으니까. 그리고 금강산 관광을 해도 생태관광이라는 단어는 안 쓸지라도, 여지를 조금 더 열어놓고, 거기까지 합의를 해야 하는데, 자꾸만 돈 얘기만 하니 돈 얘기로 끝난 거란 말이야.

나는 북쪽 분들 만나도 일부러 큰 얘기를 하거든. 지금 제일 중요한 건 기후 문제니까 기후 문제를 남북이 힘을 합쳐서 해결해서 우리 인류 문명이 한 발짝 더 나가야 한다, 거기서 우리가 제일 선진국이 되면 되지 않냐, 그런 얘기를 하거든. 좀 크고 깊은 얘기를 해야 한다고.

전범선　　　공동의 목표를 제시할 수 있어야 한다는 말씀이네요. 사실 민족통일 하면 그간 대의명분으로 충분했는데, 지금은 사실 민족통일이라는 과업이 특히 저희 또래에게는 와닿지가 않는 것 같아요.

정성헌　　　와닿지 않을 걸.

2030세대에게
호소력 있는 접근법

전범선   저는 이런 비유를 많이 해요. 남북한이 통일한다는 것은 결혼을 하는 건데, 한 집안이 되는 건데, 대화도 안 한 지가 오래 되었거든요. 지금 손도 안 잡아보고 결혼부터 하자는 얘기를 하는 거 같아서요. 실제로 저희 세대의 경우, 30대의 비혼율이 절반이 넘어요. 결혼 안 한 남자는 60% 이상이고요. 30대 여성은 약 1/3이 미혼인데, 그 중 상당수는 못해서 그런 것도 있지만, 안 하고 싶어서 안 하는 게 더 많아요. 특히 여성들은 결혼을 하는 순간, 자기 주권을 빼앗기는 상황이 되는 경우가 많기 때문에 그렇고요. 20대와 30대는 특히 젠더 갈등이 심하다고 하잖아요. 실제로 저도 주변에서 많이 느끼고요.

누군가와 결혼해서 사는 것도 일단은 고민을 하는 시점에, 남북한이 한식구가 된다는 얘기 자체가 너무 멀게 느껴지고요. 그러니까 결혼 비유를 하자면, 싸우는 건 싫다, 당연히 전쟁은 싫죠. 그런데 그렇다고 해서 결혼을 해야 하는 건 아니지 않나? 남북한이 사이좋게 연애라도 하는 건 모르겠는데 결혼을 한다는 것에는 우선 반감이 생기는 것 같아요.

그러니까 저희 세대에게 특히 한반도 생명공동체를 얘기하려면, 당장 도움이 되는 뭔가가 있어야지 와닿을 것 같아요. 그래서 제가 원산에서 서핑한다는 얘기를 하는데, 이건 단순한 거거든요. 한국 어디보다, 제주나 부산이나 양양보다 원산이 파도가 좋거든요. 파도타기에 원산 파도가 좋다면, 가게 되는 거고. 금강산만 해도 산이 좋으니까 가게 되는 거잖아요. 남북한이 하나가 되는 걸 떠나서, 저희 세대에게 이야기할 때, 먹고 사는 데, 삶을 재미나게 사는 데 북한과의 교류가 도움이 된다⋯이렇게 접근하는 상상력이 필요한 거 같아요.

정성헌　　나는 기후 문제는 매우 실용적으로, 현실적으로 생각하는 사람인데, 그건 아마 평화생명동산에서 또는 그 전에 북산면 산골에서 그나마 이것저것 심어봐서 그럴 거야. 그러니까 지구온난화와 기후위기는 농사를 해보면, 너무나 심각하게 와 닿아. 내 수첩 작년 기록을 보면, 올해도 9년째, 예를 들어 개나리, 진달래, 철쭉, 민들레 이런 게 봄에도 피고 가을에도 핀다는 게 적혀 있다고. 1년에 한번만 피어야 할 것이 1년에 두 번 피는 게 9년째야. 너무 심각하지, 이 문제가.

비정상으로 된 거잖아. 순전히 기후 현상이지. 지구온난화 때문에 그렇게 되는 거잖아. 그리고 꿀벌이 눈에 띄게 안 보인다고. 벌이 매개해서 열매 달리는 게 많은데, 이거 큰일이다 싶고.

실제로 내가 북한 사람들하고 얘기한 걸 그대로 전달할게. 2001년쯤 되는 거 같아. 지금 느낌으로 말을 아주 재미나게 잘 하는 북한 실무자가 하나 있었어. 그 친구가 꽤 높은 위치에 있는 친구인데, 밥 먹고 나서 쉬는 시간에 내가 먼저 말을 걸었어. "이 아무개 동무. 우리, 통일하지 맙시다." 그랬어. 그랬더니, 눈이 갑자기 커지더니, "아니, 그거 무슨 말씀이오?" 그래. 통일이라는 게 한 집안을 이뤄서 살자는 건데, 그러려면 서로 마음이 맞아야 하는데, 내가 보니까 당신네들은 말로는 통일을 하자고 하는데, 마음에는 통일이 없는 것 같애. 마음이 없는데 하면 싸울 거 아니냐, 나중에. 그러지 말고 통일 안 하면 어떻냐? 그랬단 말이야. "그럼 구체적으로 어쩌잔 말이오?" 그래. 싸우지 말고, 사이 좋게 지내고, 서로 오가고, 마음에 맞으면 결혼도 하고, 뭐 꼭 통일해야 하냐, 그랬더니 "그럴 수도 있지요." 그러더라고.

아, 그게 얘기가 되기 시작해서, 그 친구하고 정말 깊은 얘기를 했어요. 그 친구가 이런 얘기를 하더라고. 사실은 우리가 중국군대를 걱정한다고. 북에 가보면 그 당시만 해도 중국 걱정하는 걸 눈으로 볼 수가 있었어. 당시 북한이 어려울 때니까 원산 같은 곳에 중국 화물차 기사들이 많이 온다고. 그쪽 해산물 싣고 가려고. 그런데 여름철에 소매 없는 런닝셔츠를 입고, 맨발에다 실내화를 신고 원산 시내를 상당히 건방지게 걷는 중국 애들이 많아. 거드름을 피운다고. 중국의 기에 눌리는 거 같단 말이야. 실제로 그 친구가 그러더라고. "사실은 중국이 걱정이오."

그래서 싸우지 말고, 꼭 통일이 안 되도 되니, 교류하며 지내면 되는 거 아냐 그랬더니, 그럴 수도 있다고 하더라고. 그게 지금 아마 2030 세대가 이야기하는 거 같은데.

남북 생명공동체를 위한 평화생명특구, 생명사회의 새로운 구상

전범선　　　20세기의 남북 경제협력 모델이 개성공단이라면, 21세기 새로운 산업은 생명산업이기 때문에 평화생명특구에서는 새로운 모델의 협력을 구상한다고 말씀하시는데요, 어떤 가능성을 보시는 건지요? 특히나 강원도 쪽에서요.

정성헌　　　(지도를 그리며) 자, 이걸 한반도라고 보자고. 그
런데 사실 지리적으로 휴전선 DMZ 부근이 추가령지구대*라
고. 남북 식생의 경계라고, 여기가. 무슨 뜻인가 하면 남북의
식물이 만나는 곳이란 뜻이야. 다음 사회는 바이오 사회, 즉
생명사회잖아. 생명사회에서 식물자원은 엄청나게 중요한
거라고. 어떻게 전쟁을 하다 보니 이렇게 된 거지만, 식물자
원이 서로 만난다는 건 동시에 동식물 곤충들까지 만난다는
건데, 가장 집중적으로 만나서 교호交好하는 곳이 향로봉부터
대암산까지라고. 거기가 식물자원을 중심으로 한 특별구역
이 돼야 해. 람사르 습지 협약**가입 1호가 대암산 용늪이거
든. 용늪에 5월에 가보면, 거기 야생화가, 극히 주관적인 평가
지만, 인제군 곰배령보다 더 좋다고 하는 사람도 있어. 거기
1,200m 고지에 가서 습지와 고원과 야생화를 보면서 밥을
먹으면, 어마어마하게 맛있지. 그 지대야 거기가. 그래서 여
기를 특별구역으로 해서 앞으로 생명의 문명, 생명의 사회를

---

* 해발 752m 고개인 추가령楸哥嶺(함경남도 안변군과 강원도 평강군과의 도경계에
있음)을 중심으로 북북동에서 남남서 방향으로 뻗은 지리구역을 일컫는다. 한반도
의 지질과 지형, 식생을 크게 가르는 구역이다.

** 습지의 보전, 지혜로운 이용을 촉구하는 국제협약으로 1971년 이란 람사르에서 채
택되어 1975년에 발효되었다. 1997년 국내 최초로 대암산 용늪이 람사르 협약의
습지보호지역으로 등록되었다.

여는 공동 작업을 할 장소가 바로 그 지역인데…이게 한꺼번에 안 되니까 우선 남쪽부터 먼저 하면, 그 후에 북에 제안하면 되겠지. 그래서 이걸 2000년에 미리 얘기를 해놨다고.

전범선　　누구한테 얘기를 했어요?

정성헌　　남북 강원도 교류협력할 때, 그쪽 상대에게. 우리가 먼저 할 테니, 너네도 좀 해라….

　　　　　한반도가 바다까지 치면 상당히 큰 나라라고 했잖아, 그런데 육지만 보자고. 남해안과 제주도 그리고 각종 섬 이런 곳은 전부 난대림지구야. 제주도와 남해안 일대에 중요한 식물자원이 너무 많다고. 그래서 이 섬들을 정말로 아껴야 해. 흑산도 공항 같은 건 난 정말 반대지. 울릉도 공항, 가덕도 공항도 마찬가지고. 민주당 애네들이 정신이 없어, 민주당이 공약한 거 아냐. 국민의 힘도 표 때문에 따라한 거고. 그래서 난대림 연구를 제주대학교가 중심이 되어 해야 한다고. 실제로 하고 있어. 그리고 북한에는 김형직군이라고 있어, 압록강 옆에. 거기에 오가산이라는 산이 있어. 거기는 온대림과 아한대림이 만나는 곳이야.

　　　　　그래서 여기 DMZ 일원에 평화생명특구를 만들면, 난대림과 한반도 전체의 온대림과 북한 오가산 쪽의 아한대림까지, 전체 한반도 식물자원이 하나가 되는 데 허리 역할을 할 수가 있어. 상당히 중요한 식물 생명공동체인 거지. 그리고 돈이 된다고. 돈이 되는 게 아니라 돈이 많이 돼.

그런 특별구역을 만들고 거기에 걸맞는 공동체를 만들면 좋아. 평화촌을 만들면.

나는 자본을 거부하는 사람은 아닌데, 자본과 전문가가 주도하는 공동체가 아니고, 평화를 사랑하고 생명을 아끼는 보통 사람들의 뜻과 노동이 주를 이루는 공동체가 되길 바라지. 그래야 보편성이 있단 말이야. 그런 식으로 좋은 공동체를, 평화촌을 이곳에 만들면 좋겠다는 생각을 해. 여러 국가 사람들이 다 오는. 종교인들도 모이고, 기도처도 만들고.

전범선   인도네시아 발리에 있는 우붓Ubud*이 그래요. 거기 가보니 러시아인들이 진짜 많더라고요. 기본적으로 영어를 쓰기는 하는데요, 호주 사람들도 많고 미국인들도 많지만, 러시아인들이 엄청 많아요. 지금 러시아가 전쟁하고 있는데…거기 다 같이 모여서 같이 요가해요. 거기 모인 러시아인들은 또 대부분 자기 정부가 전쟁하고 있다는 사

---

*   인도네시아 발리 섬에 있는 한 지역명이자 타운 이름이다. 힌두교문화권에 속한다.

한반도 핵심생태축 백두대간과 DMZ가 만나는 향로봉

실을 무척 싫어하고요. 거기 제 친구가 러시아인인데, 아버지는 러시아인이고 엄마는 우크라이나인이에요. 발리에서 12년간 살고 있는 이런 친구를 생각해보니, 말씀하신 그 특구 구상도, 생명과 평화를 중심으로 추구하면 충분히 현실화될 수 있을 거 같아요.

정성헌   내가 평화생명동산에서 말하는 식으로 말하다 보니 용어가 굳어져 버렸는데, 이 지역을 '생명에 이롭고 평화에 도움이 되는 곳'으로 하자. 그런데 우리 민족만이 아니고 온 인류에게 그런 곳이 되게 하자는 거지. 자꾸 민족 중심으로 생각할 필요도 없고. 그래서 이곳을 그런 특별구역으로 만들고, 이곳이 하나의 모델이 되면 전체에 적용할 수가 있고.

지금 남북이 갈라진 지가 오래되고 지금 아주 서로 험악한데, 1991년에 한민족공동체 통일방안 하면서 남북기본합의서 만들었잖아, 노태우 정부 때. 남북기본합의서의 제일 기조가 뭐냐면 통일되기 전까지의 남북 간의 특수한 관계를 정해놓은 거야. 특수한 관계라고 지금. 그런데 나는 그걸 일반 관계로 바꿨으면 좋겠어. 나라와 나라의 관계로. 지금 분명히 나라와 나라가 다른 상태가 된 지가 너무 오래됐고. 대사를 파견하면 된다고. 그런데 지금 특수한 관계로 되어 있기 때문에, 사실상 이혼 상태면서도 이상하게 그렇게 다투고 있어. 그러지 말고 이혼을 하고, 그 대신 가끔 만나서 밥이나 먹는 사이가 되면 되거든. 그렇게 하는 게 낫다고 봐.

DMZ와 동해, 새로운 구상

정성헌   그럼 DMZ는 어떻게 할 거냐? 이건 논쟁이 될 수 있어. 그런데 나는 김진현 전 과학기술부 장관 제안에 찬성하는데…이곳을 남북 양쪽이 합의해서 공식적으로 영토 주권을 포기해버리고, 이곳을 UN이, UN군이 아냐, 특별관할할 수 있도록 하고, 예를 들어 UN 아시아 본부를 거기에 하나 짓고, 또 기후위기 관련 국제기구를 만들어서 거기에 와서 근무하게 하고. 그렇게 하면 평화에 도움이 되지 않을까 싶어. 나중에 세상이 변하면, 세상은 늘 변하니까, 제행무상諸行無常이니까, 나중에 남북이 사이가 좋아지면 이곳은 우리가 다시 쓰자고 하면 되는 거고. 그런 건 다음 다음 세대에 맡겨 두고. 그렇게 하는 게 좋을 거 같다는 거지.

        그리고 남북 생명공동체를 만든다 했을 때, 바다도 생각해볼 수 있어요. 동해 97만㎢를 생명의 바다로 바꾸려는 엄청난 노력을 우리가 했을 때, 북이 함께하게 될 것이고. 동해를 생명의 바다로 바꾸려는 노력을 그렇게 남북이 애써서 하면 일본이 독도를 지금처럼 되지 않게 주장하는 건, 요샛

말로 국제 꼰대가 될 거란 말이야. 동해를 생명의 바다로 바꾸면 일본 바다도 좋아지는 거 아냐. 일본의 양심도, 지식인이나 보통 사람도 "이런 걸 해야지, 뭐 맨날 영토 가지고 난리냐." 그럴 거고. 그런 여론이 상당히 커지리라고 봐. 그러니까 생명을 바탕으로 나가면 동해를 평화의 바다로 바꿀 수가 있어요.

전범선　　　개성 공단은 전통적인 내러티브죠, 남한의 자본과 북한의 노동력을 활용해서 쌍방이 이득을 본다는. 반면 지금 선생님께서 말씀하시는 건, 남북한이 같이 힘을 모아 특구를 만들어야 하는데, 일단은 남한에서 우리가 잘 해보고, 이걸 근거로 북한에 가서 이게 도움이 된다고 말해보고. 그리고 이것을 전 세계적으로 하려면, 특히 지금의 최대 과제가 기후위기를 해결하는 거니까, 이 DMZ에서, UN에 맡기든지 남북한이 같이 하든지 하자…어쨌든 DMZ에서 기후위기 해결에 도움이 되는, 생명에 이로운 연구를 하고 산업을 만들 수 있으면 좋다는 말씀으로 들립니다.

기후위기 시대의 남북의 공통분모,
동학 그리고 자기통일

전범선　　이어서 천지인 통일과 동학 얘기를 해보고 싶은데요. 남북이 통일은 안 하더라도, 당장 교류만 한다고 해도 공통적으로 얘기할 수 있는 어떤 틀은 있어야 되지 않나 싶어요. 공통의 서사가 있어야 되지 않나…. 그런데 동학 말고는 그걸 찾기가 힘든 것 같았어요. 수운 최제우의 각성부터 동학혁명과 3·1 운동까지 흘러가는 이 근대사의 흐름은 남북한 정부가 공통적으로 긍정하는 얘기이고요. 특히 북한에도 천도교 청우당이 있잖아요. 앞으로 남북이 생명공동체를 만들어 가는 데 동학이라는 우리의 거대한 뿌리가 구체적인 도움이 된다고 보시는지요?

정성헌　　역사적으로, 현실적으로, 사상적이라 그럴까, 남북이 서로 얘기할 수 있는 게 동학인데…. 동학에서는 모든 사람을 하늘로 본 거 아니에요. 그러니까 그 대표적인 게, 종을 해방해서 며느리로 받아들인 신자도 많았지만…그 전에는 아이들은 '애쌔끼들'이라 그랬잖아. '어린이'라는 말을 만든

건 천도교란 말이야. 그러니까 하늘님을 안에 모시고 있는 모든 신령스러운 사람이 다 평등한 거고. 모든 생명이 소중하다는 건, 아주 쉬운 말로 경전을 보면 나오잖아. 예를 들어 어린애를 치지 말아라, 그건 하늘님을 치는 것과도 같다. 새싹을 꺾지 말아라. 이런 아주 쉬운 말로 하잖아. 그 당시로 돌아가보면 이런 생각이 사실 천지개벽이지. 있을 수 없는 얘기를 한 거 아냐. 개벽이지. 선천개벽은 이미 됐지만, 이제 후천개벽할 때가 됐다는 거지. 그래서 생명을 중심가치, 절대가치로 하는, 가장 평등한 세상을 만든다고 그랬는데. 생명의 평등세상을 만들겠다고 천명한 그 동학은, 지금 기후위기와 생태위기의 시기엔 최고의 고등종교라고 봐.

그리고 북한에는 청우당이 엄연히 있어요. 조선노동당 일당독재라 하지만 어쨌든 형식상 당이 있잖아요. 기후위기 시대에, 북쪽하고 청우당하고 얘기가 안될 리가 없지. 기후위기와 생태위기를 극복하는 데도 좋고, 멀어진 남북 사이를 다시 잇는 데도 상당히 자연스러울 것이다, 그렇게 보고 있지.

전법선　통일 하면 남북 통일만 생각하다가 천지인 통일을 생각하니… 사실 저는 선생님을 통해서 생명살림과 한살림의 전통을 살펴보다가 동학까지 다시 보게 된 건데요. 그런데 저는 서양철학의 가장 근본적인 한계이자, 답답

함을 느낀 게, 서양철학은 너무도 전형적인 이분법적인 세계관이, 기독교에 뿌리를 내리고 있는 이분법이 바탕이 되어 있거든요. 사람과 신을 분리하고, 선과 악을 분리하고, 인간과 자연을 분리하는 식의 이분법. 반면 동학에서는 다 합일이 돼 있잖아요. 신인이 합일돼 있고, 영육이 즉 영혼과 육체가 일치되어 있고. 저는 '한살림 선언'*이 위대한 이유가 이런 전일적인 세계관을 주창했고, 그게 조금 전에 말씀하신 '가장 고등한 종교'라고 하신 바로 그 차원에서의 어떤 영성적인 통합, 종교통합이 되어 있어서 가능했다고 생각하는데요, 그 근간이 동학이니까요. 통일을 남북 통일로만 고정해서 생각하면, 이게 될까? 싶다가도, 천지인 통일을 해서 생명공동체를 만들자 하면, 우선은 그걸 시작하는 나부터 내부통일이 일어나는 거잖아요. 자기통일부터 돼야 시작하는 건데요. 그래서 통일이라는 개념이 무척 큰 개념으로 느껴지고, '생명과 평화 다음이 통일'이라고 하지만, 거꾸로 통일이 먼저 돼야, 영혼과 육체의 통일이 돼야 생명과 평화를 이야기할 수 있지 않을까, 그런 생각이 듭니다.

---

* 1989년, '한살림모임' 창립총회에서 발표되었다. 한살림모임은 한살림소비자협동조합(현재의 한살림)과 함께, 또 다른 축의 생명문화운동을 펼치기 위해 발족한 조직으로, 장일순, 김지하, 최혜성, 박재일 등의 사회운동가들을 주축으로 60여 명이 참여했다. 〈한살림 선언〉은 토론의 결과물로, 김지하가 초안을 쓰고 최혜성이 대표 집필한 것으로 알려져 있다.

그래서 저는 처음에 제가 선생님께 여쭤봤던 질문으로 되돌아가요. 사실 저희 세대의 많은 이들이 자아가 분열되거나, 마음과 몸이 괴리가 되거나 해서 굉장히 힘들거든요. 사실 내가 분열되지 않고 통합되고 통일되는 삶을 살아야 비로소 남을 살릴 수도 있는 거잖아요. 내가 우선 살아야 남을 살릴 수 있는 건데, 그게 저에게도 굉장히 큰 화두였고요. 최근 들어서 저는 제가 좀 온전해졌다고 생각하는데요…통일이라는 걸 자기통일로 먼저 이해하면, 제 주변에 있는 이들에게는 훨씬 더 구체적으로 다가올 것 같아요. 저도 인제에서 시작하는 새로운 삶에 대한 막연한 기대가 있어요. 그런 삶을 살아야 제가 좀 더 통일이 될 것 같은 거죠.

제가 보기에는 선생님은 놀랍게도 나이에 비해 굉장히 건강하시고 또 굉장히 행복해 보이세요. 저를 만나면 늘 에너지가 넘치시고, 저에게 새로운 것을 보여주시고, 노동을 계속 하고 계시고. 진짜 몸과 마음이 온전하게 통일된 삶을 사시는 것 같아서요.

정성헌　　　나는 가끔 행복감을 느낄 때가 많아. 서울에서도 자고 일어나면, 행복감을 느낄 때가 있어. 며칠 됐는데, 그 행복감을 적어놓진 않는데, 느꼈어. 아, 행복하구나.

작은 것이
아름답다

정성헌   그런데 서울 같은 곳은 전부 아파트 중심, 큰 빌딩 중심, 자동차 도로 중심이어서 그런데, 그래도 잘 살펴보면, 나무와 풀, 양삼 심을 곳이 무척 많아. 그러니까 심으려고 보면, 너무 많아. 서울에는 심을 곳이 없다는 얘기들을 많이 하는데, 내 눈으로 보면 심을 곳이 너무 많아, 여기저기.

전범선   용산기지 옆에 살면서도 거기에 양삼 심을 생각은 한번도 못했거든요. 그런 곳을 알아보는 마음이 있다는 게 농부의 첫 번째 마음이네요.

정성헌   예전에 성북구청장하고 같이 다녀본 적이 있어. 심을 곳이 없다고 그래. 그런데 그때도 그랬지만, 정말로 심을 마음으로, 심을 눈으로 보면 너무 많아. 그러니까 서울시장이나 구청장들은 다른 눈으로 보는 거지.
　　　　　　그런데 나무 심을 때, 원칙이 있어. 작은 것을 심어야 한다는 원칙인데…. 작은 나무를 심으면 이로운 점이 첫째,

그게 싸. 내가 평화생명동산에 심을 때는 1500~3000원 짜리를 가장 많이 심었어요. 10년도 전이니까, 지금은 3000~5000원 짜리 심으면, 잘 크지. 큰 나무를 심으면, 3배 더 비싸고 더 깊이 파야 하고 뿌리 내리는 데 상당히 시간이 걸리고. 둘째, 작은 나무가 뿌리를 잘 내려. 셋째, 작은 나무는 작은 사람이 심을 수 있어. 작은 사람들, 할아버지, 할머니, 어린이도 심을 수 있어. 그리고 서울 같은 곳에서는 큰 나무는 조경회사와 계약한 중장비가 들어가야 심을 수 있다고. 하지만 작은 나무는 동네 사람들이 쉽게 심을 수 있지. 동네 사람이 심으면 어떤 이익이 생기냐면, 자기한테 일한 품값도 생기지만, 그보다도 말할 때 "야, 그거 내가 심었다." 그래. 그게 중요한 거야. 말이 그렇게 된다고. "그거 내가 심은 거야." "그거 우리가 심은 거야." 이렇게 얘기하게 된다고. 자기가 주인이, 주체가 되는 거지. 즉 큰 나무는 자본이 주인이 되는 거고, 작은 나무는 그런 마음과 작은 사람들이 주인이 돼.

내 지론이 있는데, 민노총 간부들이 기업가들과 협상을 해서 일주일에 한번 네 시간씩 가볍게 노동을 하면 좋겠어. 봉사 노동을 하든지, 다른 식으로 하든지. 그러면 아마도 파업의 양태가 달라질 거야. 자신을 생명으로 바라보면 그리고 흙을 만져보면 사람이 달라져. 그래서 특히 정신노동하는 사람일수록 가벼운 육체노동이 필요하고, 육체노동을 하는 사람은 상당히 수준 높은 문화 체험을 하는 게 좋아.

　　결국 뭐랄까, 모든 생명의 궁극적인 목표가 있다면 그건 자기실현인데. 자기실현이 뭐냐? 대개 진선미라고 그러잖아. 그런데 나는 그 중에서도 아름다움을 무척 중시해. 마을교육할 때도 늘 그런 건 아니지만 "그런데 우리 한번 아름다운 마을을 만들어보자." 그런다고. 그러려면 내가 아름다운 마음을 가져야 할 거고, 아름다운 인간관계가 돼야 할 거고. 아름다움이 구체적으로 되려면 꽃을 많이 심어야 하는데, 난 또 입으로 들어가는 걸 강조하니까, 특히 건강을 강조하니까 약초를 많이 심자고 해. 약초는 대개 꽃이 피니까.

　　그래서 보통 야생화를 심을 때, 한 평에 평균 80개라고 보자. 80개라 하면, 우리 마을에 1천 평 심으면 8만 개 아냐. 그건 힘들어. 예를 들어 신월리 집집마다 10평씩 약초를 심어봐. 내 권고는 그거야. 그러니까 거창하게 생각하지 말고 너희 집부터 하라는 얘기야. 난 뭐 한다고, 눈에 보이게 번듯하게 하는 것보다는. 바로 이게 '작은 것이 아름답다'는 운동실천론이야. 그러니까 쉬운 일이야.

전범선　　천지인 합일이라는 말이 매우 어려운 말로 들렸는데 말씀을 계속 들어보니 땅에 대해서 잘 아시고, 땅과 어떻게 관계를 맺으면 어떤 일이 생기는지를 지혜로 터득하신 것 같아요. 그래서 저 같은 사람이 지나가다가 산이나 땅이나 바다를 보면 보이지 않는 것들을 보시는 것 같고요…. 보람 있는 노동이라는 말씀에 무척 공감이 가는 게, 특히 정신노동이나 예술활동을 했을 때 실제로 나의 창작물이 잡히지가 않고, 내 것으로 남지 않는 경우가 많거든요. 저만 해도 음악을 만들어서 올리면, 그런데 수많은 사람들이 그걸 흘려들으면, 이미 떠내려가버린 것이 되니까요. 나랑 나의 창작물이 분리가 되면, 거기서 생기는 소외감이나 공허감이 있더라고요. 그런데 나무를 하나 심었을 때 그 나무는 내 앞에 분명 존재하는 것이고 그런 것들과 관계를 맺을 때 느껴지는 그 연결감이 저희 세대, 특히 도시에 살고 있으면서 정신노동을 주로 하는 사람들에게는 굉장히 필요한 것 같아요. 그래서 그런 깊은 관계 맺음 때문에 이 사장님이 행복감과 통일감을 가지시는 게 아닌가 싶고요.

"오죽하면 그러겠냐"
그리고 농심

정성헌　　하나 보탤 얘기가 있어. '농심'이라는 말 있잖아. 농민의 마음, 농심이 최근 몇십 년간 아주 나빠졌거든. 작물이 자라면 자기 자식 같은 마음이 있잖아. 그래서 홍수가 져서 물에 잠기면 너무 속이 상하지, 자기의 분신 같은 게 그렇게 되니까…그런데 가격이 폭락하면 항의하느라고 트랙터로 그걸 갈아엎어버리는 수가 있잖아. 그러니까 그럴 때 "오죽하면 그러겠냐"는 말을 쓰는 거야. 농심은 원래 그게 아냐. 자기가 노동해서 키운 거기 때문에 잘 수확해서 먹고 시장에 내놓으려는 게 농심인데. "오죽하면 그러겠느냐." 그 말이 제일 중요해. 정치하는 사람이 그 심정을 이해하려고 하면, 좋은 정책을 만들 수 있을 거야. 그런데 그걸 그렇게 안 보고 조직된 농민운동 세력이 격렬한 항의를 했다 이러면, 그건 공권력 투입하면 그만이지. 그런데 "오죽하면 그러겠냐."는 마음이 정치하는 사람에게는 있어야 해. 노동자들에게도 "오죽하면 그러겠냐." 그래야 하고. 노동자 안에도 그 말이 있어야지. 특히 힘을 가진 자들에게 그런 마음이 있어야 되고. 그런 마음을 중시하는 교육이 난 학교교육에서 기본이 돼야 한다고 봐.

전범선　'농심'이라는 게 말씀하신 '모심의 마음' 같아요. 저희 주변에는 농사짓는 경우보다는 반려동물을 키우는 경우가 많은 거 같아요. 아이들도 많이 안 낳으려고 하고, 사실 낳기가 겁나다 보니 저희 세대는 그런 마음이 반려동물로 가는 것 같아요. 그게 바람직한지 아닌지 떠나서요.

　　　그러니까 채식하면서 동물운동하는 사람들은 대체로 농사해본 경험은 없는데, 다들 그걸 또 갈망하기도 해요. 저만 해도 그렇고요. 왜냐면 동물과 관계를 맺으면서 회복하게 되는 어떤 연결감각이 있거든요. 저만 해도 소를 구조해서 그 보금자리에 뒀을 때, 소 눈망울을 봤을 때 저희 강아지를 볼 때 느끼는 것과 똑같은 마음이 생기더라고요.

　　　그러니까 키우는 마음, 농심이라는 게, 작물을 기르는 마음도 있겠지만 옛날에는 자기 아이를 키우면서 그런 마음이 기본적으로 들고, 그 마음이 다른 생명에게도 자연스럽게 퍼졌을 것 같은데요. 지금 저희 세대는 그게 거의 끊긴 거죠. 물론 지금도 아이를 낳고 키우는 사람도 있지만, 통계적으로 OECD 국가 중에서 출산율이 최저니까요. 그나마 생명을 사랑하는 사람들이라고 하는 분들은 반려동물이 있거나 농사짓고 있는 소수인 상황인 거죠. 저는 이게 매우 심각한 단절이라고 보거든요. 그래서 어떻게 그 농심을 회복할까가 사회적 논의가 되어야 할 것 같은데요. 이상황에서 어떻게 하면 사람들의 마음이 생명을 모시는 마음이 될 수 있을지는…좀 암담하기는 합니다.

반려동물을
왜 이렇게 많이 키우는 사회가 되었을까?

정성헌　나도 하나 물어볼 게 있는데. 어제 TV 뉴스를 보니 서울시민들이 반려동물을 상당히 많이 키우더구만. 반려동물의 진료비를 지원한다는 뉴스가 있더라고. 내가 서울을 많이 걷거든. 걷다 보면, 정말 많이 데리고 다니더라고. 어렴풋이 이해는 가는데, 진짜로는 이해가 안 가. 왜 그리 반려동물들을 많이 키울까? 그걸 좀 설명해줬으면 좋겠어요.

전범선　제 사례를 말씀 드리면, 지금 같이 살고 있는 강아지가, 이름이 왕손인데, 13살이에요. 제가 딱 스무 살이었을 때 데려왔어요. 그런데 그때는 제가 동물권에 대한 생각이 있었던 것도 아니고…. 어떤 마음이었냐면, 저는 평생 어머니 아버지랑 살다가 형제 없이 그러니까 셋이 살다가 기숙사 학교를 거쳐서 20살에 처음으로 서울에서 자취를 했어요. 그런데 오피스텔에서, 그러니까 다른 식구가 없이 혼자 사는 경험을 한 거죠, 난생 처음. 이게 사실 저희 또래의 공통된 경험일 거예요. 지방에 살다가, 가족이랑 살다가, 핵가족으로 살다가, 서울에서 살게 되는 거죠. 축산업 얘기할 때 '모성 착취'라는 얘기를 하는데요, 어미랑 새끼를 분리시켜서 따로 키우잖아요. 물론 제 선택에 따라서 제가 서울로 간 거지만, 얼마나 그게 제 자의적 선택이었는지 모르겠어요. 서울에 가서 살아야 된다고 다들 그러니까…. 서울에 가서 혼자 자취를 했는데, 너무 외로운 거예요. 물론 애인도 있지만, 밤만 되면 집에 가서 혼자 지내는데, 난생 처음 겪어보는 단절인 거죠. 나눠지고 가둬진 거죠. 동물들이 축사에 혼자 갇혀 사는 것처럼 어미랑 분리돼서 사는 것처럼, 저도 그런 상황이 된 거예요. 그래서 나의 외로움을 좀 달래보려고 여자친구 손 붙잡고 가서 강아지를 샀어요. 25만 원 주고서. 기억이 나요, 이 왕손이라는 친구가, 그때는 이름을 안 지어줬지만, 펫샵이라고 하죠, 동물 파는 가게에서 가장 불쌍해 보이고 혼자서 안 짖고 애처롭게 저를 쳐다보는 거예요. 그래서 뭔가 저랑 비슷한 것 같아서 걔를 사왔어요.

지금 생각해보면 말도 안 되는 거죠. 생명을 책임질 준비가 전혀 안 돼 있었거든요. 영국과 독일에서는 동물은 기본적으로 살 수가 없고, 입양해야 되는 구조이고요. 우선 어떤 동물을 산다는 건 그 동물이 반려동물 산업에 의해서 생산되었다는 것이고, 그리고 거기에도 어마어마한 착취

구조가 있죠. 돈 주고 사왔고, 생명을 책임질 준비가 안 된 상태에서 사왔고, 심지어 저는 몇 달 후면 미국 유학을 가야 할 상황이었어요. 아무런 생각도, 개념도 없었던 거죠. 그냥 내가 외로우니까 난 재를 사서 내 집에다 갖다 놔야지, 개가 길게 살면 20년은 살 텐데, 지금도 13살이니까 더 살 수 있는데, 그런 것에 대해 아무 생각 없이 그냥 사온 거예요. 그래서 데려왔다가 제가 미국 유학갈 때 춘천에 계신 부모님께 맡긴 거죠. 사실 이런 구조가 굉장히 잘못되어 있고 저도 반려동물 산업에 대해서 철저히 반대하고 펫샵, 브리딩 센터는 없어져야 한다고 생각하고요.

그런데 이미 생산한 동물에 대해서는 책임을 져야 해요. 국가 차원에서 유기견 문제가 심각하잖아요. 지방에 가면 도시 사람들이 갖다 버리는 개, 고양이들이 엄청나게 많아요. 그래서 더 이상 생산되지 못하게 하고, 이미 생산된 동물들은 우리가 책임을 져서, 입양하고 싶은 사람들에게 입양할 수 있게 해주는 구조가 생겨야 된다고 생각하고요.

물론 개, 고양이 같은 동물은 인간이 만들어낸 종이잖아요, 그런 동물들에 대해서는 인간이 특별한 책임이 있다고는 생각하지만, 반려동물산업이라는 것 자체가 기본적으로 인간이 동물을 착취하는 구조이기 때문에, 저희가 궁극적으로는 지양해야 하는, 어떤 과도기적인 구조라고는 생각하는데요.

근본적인 원인을 생각해보면, 인간과 비인간자연 사이에 조화로운 관계가 깨진 것, 가족이 붕괴된 것, 그리고 더 중요하게는 아이 낳기 싫어하는 지금 상황이라고 생각해요. 아이를 낳기 싫은 이유는 기후생태위기와 도시환경의 오염과 경제적인 문제인 거죠. 그래서 아이를 안 낳는 사람일수록 반려동물을 키운다고 생각해요. 비교적 싸니까. 저만 해도 그렇다고 봅니다. 저도 애인이랑 같이 살면서 아이를 낳을 엄두는 안 났는데, 강아지는 그래도 정말 아이처럼 키우고 싶어요. 이미 제가 데려온 책임이 있기도 하지만…그런데 강아지를 하나 더 키우라고 하면 못하겠어요. 엄두가 안 나요.

그래서 이 사회의 누구든 생명을 낳고 모시고 키우고 싶은 어떤 생물학적인 욕망과 마음은, 그 농부의 마음은 있다고 생각하는데, 그 마음을 구체화하기 위해서는 조건이 안 따른다. 왜냐면 도시에서 살 만한 땅 한 조각 없고, 젓가락 꽂을 땅도 없고, 그러니까 농사는 하기 힘들고, 아이를 낳기에는 인간을 키우기에는 돈이 너무 많이 들고, 겁도 나고…그러다 보니 반려동물 특히 개나 고양이를 키우게 되는 게 아닌가 싶어요. 지금 반려동물 양육 인구가 1,500만

명이거든요.

　물론 아이 낳은 분들도 있지만, 전체적으로 봤을 때 는 그런 흐름인 것 같아요. 그래서 이런 사회적 현상을 물론 매우 안 좋게 볼 수도 있어요. 어떻게 보면 아이한테 가야 할 욕망이 개한테 가는 걸 수도 있기 때문에요. 그런데 한편으로는 개나 고양이를 키우는 사람들이 생명을 아끼는 마음이 일반적으로 커요. 흔히 말하는 캣맘 같은 분들이 제가 봤을 때는 생명을 가장 아끼는 분들이에요. 저희 주변에서 비거니즘을 실천하거나 쓰레기를 줄이려고 하려는 분들이 대부분 그런 분들이에요.

　그런 마음을 어떻게 사회적 동력으로 할 것인가가 저에게는 화두예요. 그런 분들이랑 다 같이 나가서 우선은 땅을 확보해서 나무와 양삼을 심고, 그러다 보면 또 농심이 생기고, 그러다 보면 그게 마을이 되고…이런 상상을 하고 있어요. 그런 꿈을 꾸고 있습니다.

압축성장의 후과,
아이를 낳지 않겠다는 마음

정성헌　　　그건 좋은 꿈이에요. 설명을 들으니까 어느 정도 이해가 가네. 그런데 자네가 얘기한 그런 것이 문제의 원인이라면, 그걸 좀 더 정면으로 응시해야 할 거 같은데….

딱딱한 얘기를 해 볼게, 아이 안 낳는 문제 말이야. 지구를 하나의 큰 생명공동체라고 본다면, 지구가 인간이란 생명체의 개체수를 조절하는 작용을 하는 거라고 나는 봐. 어려운 나라들은 아이들 자체가 노동력인데, 우리도 가난한 시절에 7명, 8명 낳았거든. 노동력이 부를 창출할 수 있는 요소 중 하나니까 아이를 많이 낳거든. 어느 정도 먹고 사는 나라는 조절 시기로 들어간다고.

그런데 유럽은 왜 우리보다 출생률이 높을까? 비교도 안 되는 빠른 속도로 한국에서는 왜 출생률이 내려갔을까? 모든 것이 전부 압축성장했다는 걸 생각해봐야 해. 그러니까 제1의 물결부터 제4의 물결까지 두 세대 사이에 다 겪었단 말이야. 나 같은 경우는 농업국가부터 인공지능까지 겪고 있는 거 아냐. 압축성장이 되면 가장 강조되는 게 뭐냐면 '효율'

이란 말이야, 효율. 그러니까 생명체라는 게 대개는 경제 단위로 환원이 돼. 그리고 끊임없이 더 잘 살아야 한다는 강박관이 있어요, 더 부자가 되어야 한다는 강박관이.

그러니까 생각하는 사람들이, 특히 젊은 사람들이, 그렇게 강요된 삶은 난 안 살겠다, 그래서 자기 혼자 사는 거예요, 내가 보기에는. 그래서 이해가 된다고.

그런데 딱딱한 얘기를 한다고 전제를 했는데 사실 이게 나는 좋다고 봐. 숫자로 한번 얘기해보자고. 19세기 들어서 화석연료에 토대를 둔 산업혁명이 본격화됐는데, 그때 인구가 10억 아냐. 그때 인류의 총 GDP는 1인당 1천 달러로 계산해서 1조 달러라고. 작년 11월에 80억을 돌파해서 지금은 1만 달러로 계산하면 80조 달러가 조금 넘거든. 대개 1만 달러를 넘으면, 그 사회가 상당히 달라진다고, 문화 자체가. 산술적으론 그래. 지금 인구는 두 세기 전보다 8배가 늘었는데, 경제적 양은 80배가 는 거 아냐. 그런데 지구생태용량에 맞는 적정 인구는 1960년 인구인 30억이라고 한단 말이야. 1987년 우리는 6월 민주항쟁을 자랑스럽게 기억하는데, 그해가 50억 돌파한 해라고. 그 해 7월 11일에. 그런데 그때 민주화의 분위기 속에서 이런 것이 주목이 안 됐어. 그때 우리의 민주화가 기후까지 걱정하는, 뭇 생명체의 온전한 삶까지 걱정하는 진정한 민주화로 갔으면 좋았는데, 물론 그렇게 되기 힘들었지, 지나 놓고 보면 그렇단 말이야.

자, 너무 압축돼서 너무 팽창해버렸어. 지금 젊은 사람들은, 그거 아니라고 생각하는 거야. 그거 아니다. 압축되고 팽창되면 안 된다. 팽창이 아니고 그냥 덤덤했으면 좋겠다. 다른 용어로 지속가능하면 좋겠다는 건데….

그런데 문제는 '나 중심'으로 본다는 거지. 나는 그 생각이 짧다는 걸 지적하고 싶어, 불특정 다수 젊은이들에게.

내 얘기를 해볼게. 내가 어렸을 때는 '내가 있기 때문에 남이 있다'고 생각했어. 그런데 화병도 걸리고 입원도 해서 왔다 갔다 하다 보니, 지금도 그런 경지는 아닌데, 약간의 깨달음인데 '아, 남이 있으니까 내가 있다.'는 생각으로 바뀌더라고. 내가 좀 건방질 때는 '내가 있기 때문에 네가 있다' 이렇게 생각했는데, 가만 생각해보니까 '남이 있어서 내가 있는 거야.' 어머니, 아버지가 있으니까 내가 있고, 우주 만물이 있으니까 내가 있는 거지. 내가 있어서 우주 만물이 있는 건 아니지. 그런데 그런 자명한 것을 내가 몰랐었다고. 그러니까 아주 건방지고 무지한 인간인데…. 나는 그래도 누가 보살펴주셨는지, 화병도 걸리게 하고 감옥에도 가게 되고, 병원도 입원하고 해서 그걸 어느 정도, 논리적으로가 아니라 몸으로 깨달았다고 그럴까. 뭐 깨달은 건 아니고.

그래서 젊은이들이 지금 뭐랄까, 스스로 좌절하고 스

스로 고립되고, 너와 내가 단절되었다는 식으로 생각한다고 봐.

저번에 성균관대학교 교지 편집자들이 인터뷰를 하자고 해서 왔었어. 스무 살, 스물한 살 되는 여학생들이 질문을 상당히 날카롭게 하더라고. 내가 물어봤어, 중간에. 그런 말은 안 썼지만 '이놈들아, 정신차려'라는 식으로 얘기를 했는데 기분 나쁘지 않냐고. 그랬더니 "그렇게 솔직히 얘기해 주시니까 오히려 좋습니다." 그래. 이게 뭐냐면 내가 전부터 느낀 건데, 많은 이들이, 특히 지식인들, 교수들, 종교인들이 젊은이들 눈치를 너무 봐. 걔네들한테 걔네들 입맛에 맞는 말을 골라 쓰려고 그러는 것 같애, 내가 보기에는. 좋은 건 좋다고 하고, 잘못하면 지적해서 "넌 그러면 안 된다"고 얘기하는 게, 그게 선배 아냐? 먼저 태어난 사람이 그래야 하는 거 아니냐고. 난 상식적으로 그렇게 생각하는데.

그런데 특히 언론이 모든 걸 시장으로 보니까, 대중을 갈라놓는 게 편하잖아. 갈라놓으면 잘 팔아먹을 수 있거든. 그래서 이대남, 이대녀로 갈라놓고. 난 그게 그렇게 심각한 문제가 아니라고 봐. 그걸 자꾸만 증폭해서 그렇지. 꼰대와 꼰대 아닌 것도 갈라놓고. 난 그렇지 않다고 봐. 재작년에 한 국리서치가 조사한 게 있는데, 난 상당히 중요하게 생각해. 이러이러한 사회 문제들을 내 문제로 얼마나 생각하느냐, 가

주제였는데, 60대 이상이 20대보다 기후환경 문제를 약 10% 이상 더 진지하게 생각하더라고. 그러니까 실제로 조사하면 그런데, 그걸 딱 갈라놓고 젊은이들이 '꼰대들은 이 문제 생각하지 않고, 다 망가뜨린 사람들'이라는 식으로 생각하도록 어디선가 작업을 한다고. 그리고 60대가 20대보다, 기후위기 극복을 위해서 기업 생산활동을 제약하는 법을 만드는 데 찬성하는 비율이 훨씬 더 높아. 그런데 이상하게 왜곡해서 갈라놓는단 말이에요

전범선　　사실 저도 이사장님 만나기 전까지는, 그런 생각을 했어요. 그래서 기후 문제는 세대 문제라고 칼럼에도 썼었고요.

　　조금 전에 말씀하신 따끔한 소리라는 것도 세대 사이에서 일어나는 건강한 교류라고 생각하는데요. 지금 한국사회에서는 세대 간, 젠더 간에 이런 대화를 할 수 있거나 교류를 할 수 있는 물리적 시간이 너무 많이 사라진 것 같아요. 저희 세대가 단절됐다고 느낀다는 게, 물론 저희의 마음가짐의 잘못일 수도 있지만요, 기후운동, 생태운동하는 사람들, 비거니즘, 페미니즘 운동하는 사람들 가운데 절대다수는 자기들 삶에서 지혜로운 어르신, 또는 지혜롭지 않더라도 자기보다 경험이 많은 분들과 교류하고 배우고 따

끔한 소리를 들을 수 있는 시간 자체가 없어요. 그리고 그런 관계가 없는 상황에서, 저 같은 경우도 선생님을 모르는 상황에서 이런 얘기를 들었으면 "어, 꼰댄데" 이럴 수 있었을 것 같아요. 관계가 있고, 신뢰가 있고, 서로 얼굴을 아는 상황에서 건강한 얘기가 나올 수 있는 건데요. 그러니까 대화하고 소통할 수 있는 관계를 맺는 시간이 절대적으로 늘어나야 할 것 같은데, 그 시간이 없다는 게 조금 전에 말씀하신 젊은 세대의 고립, 모든 사람들의 고립, 한국사회의 전반적인 문제인 것 같고요.

결국 통일 문제로 돌아가는데요…내부통일이나 자기통일을 하기 위해서도, 남이 있어야 내가 있는 거니까, 남과의 관계가 있어야지 내가 온전해질 수 있는 건데요. 그런 관계를 맺을 수 있는 시간이 너무 줄어들고 있지 않나. 그래서 생명의 공동체를 다시 만들어가는 게 무척 중요한 일 같아요.

그런데 저희 세대는 대부분의 절대적인 시간을 온라인 상에서 보내고, 그래서 공동체라고 하면 온라인 커뮤니티가 우선이고요. 온라인 커뮤니티의 문제는 특정 인구 분포의 사람들만 서로 교류한다는 거거든요. 내가 야구를 좋아한다면 야구 좋아하는 젊은 남자들, 나는 페미니스트라면 젊은 여성들, 이렇게 매우 특수한 인구 분포의 사람들과만 관계를 계속 맺게 되니까…그 관계만 강화가 되거든요. 그 사람들만 만나게 돼요. 그러다 보니 다 그런 줄 알아요, 세상이. 다 외롭고, 화가 나 있고, 다 꼰대들을 싫어하는 줄 알죠.

결국 공동체의 파괴·붕괴 문제일 텐데요, 공동체를 회복한다는 건 공간이 있는 곳에서 직접 만나서 뭘 하지 않는 이상, 같이 밥을 먹거나 나무를 심거나 같이 살거나 하지 않는 이상 굉장히 어려운 것 같습니다.

정성헌   4차 산업혁명이 엄청난 속도로 진전될수록 공동체는 더 파괴되겠지….

전범선   한국이 사실 최첨단에 있어요. 한국이 서구 사회보다 출산율이 더 적고 디지털 문명의 폐해가 더 심한 이유와도 관련이 있고요. 단언컨대 전 세계에서 대한민국이 디지털 문화는 가장 앞서 있다고 봐요. 미국보다도 앞서 있어요. 한국에서 일어난 온라인 문화 현상이 5년 뒤에 미국에서 일어나더라고요. 한국의 디지털 문화가 가장 앞서 있는데, 그것의 장점을 보여주는 게 한류 문화고, 단점을 보여주는 게 이런 사회 병폐고요.

세대간 연대 운동, 생명사회 민주주의, 천지인민, 어쓰링

정성헌 몇 번인가 '내가 실용적인 사람'이라는 말을 했을 거야. 난 진짜 실용적인 사람인데…. 이 기후위기는 진짜 노장청이 다 같이 해도 될까 말까 하다고. 자꾸만 젊은이들끼리 하면 안 된다고. 그래서 나는 이런 말을 해. 나이 든 사람 중에 기후 문제에 상당히 신경쓰는 사람들이 있으면, 너네가 하늘같이 모시면서 해도 돼. 그래야 해결이 되니까. 그 양반들 조금 살다 가도 되지만, 너네는 오래 살아야 하니까. 그게 운동하는 사람의 실용적인 자세다.

그리고 가난한, 고립된 노인들이야 보호하고 배려해야 하겠지만, 우리나라 60대 이상에서 시간과 돈 있는 노인들이 꽤 많아. 운동할 때 젊은 사람들이 겪는 어려움 중 하나가 시간과 돈이 모자란다는 거잖아. 같이 하면 실용적으로 잘 된다고.

또 하나는 그렇게 마음을 모아서 할 때, 어떤 일을 같이 해볼 때, 운동이 새로운 차원으로 바뀐다고. 젊은이들끼리 하면 상당히 빈약해요. 경험이 결합되어야 해. 이걸 다양성이라고 하지. 다양해지면 뭐가 된단 말이야.

그런데 그렇게 안 되는 게, 내가 보기에는 디지털 문화가 가장 큰 문제인 것 같아. 더군다나 인공지능이 인류의 지능 총량을 넘는 게 5년 전만 해도 2045년이라고 했는데, 지금은 2035년이라고 하거든. 조금 더 당겨질 거야. 그럼 그런 사회에 맞는 인간 유형은 뭐냐? 라는 논의가 있어야 할 텐데 우리사회에 너무 빈약해요. 그 논의가 너무 없어. 서양은 지금 꽤 하는 거 같은데.

그래서 그런 논의는 사실 젊은이들이 먼저 꺼내줬으면 좋겠어. 나이 든 사람들은 대부분 걱정은 많이 하지만, 그래도 부자 되는 거에 대한 관심이 더 많아. 젊은 사람들이 상당히 다른 세계관과 사회관을 가지고 있으니까, 4차 산업혁명에 대해 본격적으로 문제제기를 해줘야 올바른 4차 산업으로 간다 이거지.

전범선 저는 사실 생명살림과 더불어 기계살림이 이루어져야 한살림이 된다고 생각하는데요. 동학에서 말하는 경물敬物이라는 입장에서 볼 때, 인공지능을 교육한다는 것이 모시고 기른다는 거잖아요. 그렇게 봤을 때 동학은 4차 산업의 흐름까지도 볼 수 있는 틀을 제공해 주는 것 같아요. 기독교적인 세계관이나 인간중심적 세계관에서는 기계를 도구적으로 볼 수밖에 없거든요. 이제는 기계들도 한식구고요, 저는 '불물밥'이라는 틀로 보면 기계살림에 대해서도 논의할 수 있을 거 같아서요, 그 담론도 계속 연구하려고 합니다.

정성헌　　　앞으로 정치권에서 4차 산업을 전면에 내걸 게 예상이 된단 말이야. 그래서 준비를 해야 하고. 그리고 하나 보태고 싶은 말이 있는데…전에 민주화운동기념사업회에서 강연을 하라고 그래. 대개는 유명인사에게 부탁을 하는데, 다 거절이 돼서 땜빵으로 내가 차출이 됐거든. 뭐냐면 주제가 '민주화운동의 반성과 앞으로의 과제'야. 그러니까 반성하기 싫으니까 다들 거절한 거지. 반성은 솔직히 얘기해야 하는 거잖아.

　　　그때 내가 이렇게 얘기를 했어. "앞으로의 운동은 고도의 정치성과 고도의 종교성이 통합된 새로운 운동이 될 때만 아마 뭐가 될 거다." 고도의 정치성이란 건 뭐냐면, 인간중심의 민주주의 때는 고도의 정치성이 상당히 요구가 된다는 말이야. 고도의 종교성은 뭐냐면 전체 생명사회의 민주주의야. 딱 분리해서 말할 수는 없지만, 인간사회의 민주주의를 튼튼하게 하는 바탕 위에서 전체 생명사회의 민주주의로 가야 하고, 과거에는 주체를 시민이라고 했지만, 생명사회 민주주의의 주체는 '천지인민天地人民'이다. 시민이 아니다. 천지인민이다. 나는 천지인민이라는 말을 써요. 요새 외국에서 박사학위 받아온 사람들에게는 이 말이 어색한 말로 들리는 거 같아. 그런데 나는 그냥 무조건 이 말을 써.

조금 전에 통일 얘기도 했지만, 남쪽의 천지인민들이 북쪽의 천지인민들하고 만나는 빈도 수와 밀도가 커질수록, 남북의 통일, 그리고 인간과 자연의 통일, 천지인이 하나가 되는 그런 통일이 될 것이다. 그래서 천지인민이라는 단어와 개념을 자네네 또래에서 좀 과감히 한번 써봐.

전범선　　　정확한 단어인 것 같고요. 그걸 풀어서 해석하면, 천지와, 즉 자연과 하나가 된 사람이고, 그게 결국 자연과 긴밀한 관계를 맺고 있는 사람이라고 생각해요. 자연이 있기 때문에 내가 있다는 것을 깨닫고 실천하는 사람인 거고, 영어권에서는 그런 표현을 찾으려고 하다가 요새 쓰는 말이 '어쓰링Earthling' 같아요. 외계인 입장에서 본 지구 생명을 표현한 말인데요, 공상과학 소설에서 많이 나오는. 요새는 저희 같은 비건들이나 기후운동하는 사람들이 지구에 사는 생명체 모두를 어쓰링이라고 부르거든요. 지구인 하면 인간으로만 한정되는데, 지구에 사는 모든 생명체를 어쓰링이라고 부르는 거죠. 그러니까 중생衆生인 거죠.

저는 천지인민이 곧 생명이라고 생각해요. 그렇다는 각성을 하는 게 저는 무척 중요하다고 생각하고요, 그것을 지금까지는 비거니즘이라고 많이 생각했지만 동물과의 연결성을 좀 더 확장해서 천지인민, 어쓰링으로서의 정체성을 지닌 사람들이 등장하는 게 매우 중요한 것 같아요.

그리고 인간사회의 민주주의를 구현하는 건 정치 영역이고, 생명사회의 민주주의를 구축하는 것은 종교 영역이고 그걸 통합하는 게 최고의 운동이라고 말씀해주셨는데, 머릿속에서 아주 명쾌하게 정리가 됩니다.

넷째 마당

운동의 현장에서

정성헌이 생각하는
운동과 현장

전범선　　　선생님이 운동가로서 후배 운동가들에게 전해
줄 수 있는 십계명 같은 거, 그런 걸 말씀해주시면 정리해보
고 싶어요. 그런데 그 전에 여쭙고 싶은 건, 솔직히 말씀 드
리면 선생님 연세 정도 되면 대부분의 운동권 출신 선배 분
들은 은퇴하시거나 명예직을 하나 얻어 쉬시거나 하시는데
요…전혀 그렇지 않으시잖아요. 현장에서 지금도 운동에
투신하고 계신데요. 왜 그러시는지가 궁금합니다.

정성헌　　　한마디로 말해 철이 덜 들어서 그렇지.

전범선　　　유별나다는 생각이 들어요, 그렇게 되신 어떤
계기가….

정성헌　　　글쎄 그건 잘 모르겠는데, 그냥 자연스럽게 그렇
게 된 것 같아. 자주 후배들한테 얘기하는 게 있어. 내가 운
동한 게 거의 60년 되잖아요, 내년이 딱 60년인데, 나는 운동

을 성공하는 방법은 모른다, 그런데 실패 안 하는 방법은 안다, 그런 얘길 해. 왜 그러냐? 현장을 가까이하는 사람은 거의 실패를 안 한다. 현장을 모르거나 현장과 멀면, 대부분 실패를 해. 이건 이론이 아니고 실제가 그래.

그럼 현장을 이해하면 실패를 거의 안 하는 이유가 뭐냐? 뭘 결정해서 하기 전에 현장에서 물어보거든. 제일 좋은 건, 중요한 뭔가를 결정할 때, 정책 결정을 할 때 현장에서 물어보면 된다. 너무 현실에 안 맞으면, 관념적이거나 지나치게 이념편향적인 거면, 그거 별로 안 맞는다고 현장에서 얘기를 해.

그런데 늘 현장에 갈 수는 없잖아. 현장을 가까이하는 게 뭐냐면, 현장에 가까운 사람들이 있어야 한다는 거야. 내가 보기에는 최하 7명 정도는 있어야 해, 전화로도 얘기할 수 있는 사람. 수도권, 대도시, 중도시, 농어촌 산촌, 그 다음에 지역으로 해서 호남 영남 이런 식으로, 남성 여성, 젊은 사람 나이 든 사람, 이걸 잘 안배해서 대강 7명에게 물어보면 대개는 답이 나와. 100점짜리 답은 없는데 80점짜리 답이 이미 거기 있어. 그러면 실패를 거의 안 하지.

전범선　　그 답을 이미 현장에 계시는 분들이 알고 계신다는 거예요, 아니면….

정성헌　대화 중에 자기가 알게 된다는 거야. 현장을 맹목적으로 믿는다는 게 아니라 대화 도중에 알게 된다는 거지. 역대 정권이 중요한 정책을 시행했는데 실패한 이유가 대학에 있다가 바로 청와대 정책실장이 된다든지 장관이 된다든지 그런 경우가 많지만, 그런 사람은 대개 현장에 친한 사람이 별로 없어. 현장을 잘 몰라. 안다고 착각을 하지. 통계를 가지고. 통계는 아주 중요한 기초자료지만, 통계 자체는 살아 있는 사람은 아냐. 대개 평균화한 거 아냐. 대표적으로 작년에 노동자 근로소득 평균이 3,500만 원 아냐. 그건 알아. 그러나 그 숫자의 속에 또는 그 뒤에 있는 기쁨이나 한숨이나 분노나 즐거움은 모르는 거 아냐. 살아있는, 살아 움직이는 현장의 사람들 가운데 가까운 사람이 많을수록 좋지.

전범선　현장에 대해서 생각하면 사실 아무래도 지금 저희의 범위는 한반도잖아요. 현장을 고민하다 보면 규모에 대해서도 생각하게 되는 것 같아요. 만약 미국에서 이런 운동을 하는 사람이 있으면 그 사람이 50개 주에 전부 7명씩 알고 있긴 힘드니까요. 선생님께서는 한국에서 전국 방방곡곡을 다니시면서 60년 동안 운동을 해오셨는데요. 저는 한국에서 여기저기 운동조직이라고 할까요, 인맥을 넓혀가는 입장이고요…. 지금 선생님 머리 안에는 팔도가 다 그려져 있나요, 사람들 얼굴이?

정성헌　　　그건 제법 많다고 봐야지. 전국에 친한 사람이 많고, 물론 많이 돌아가셨지만…나보다 윗사람들이 많으니까. 내가 알아야 얼마나 알겠어. 그래도 꽤 전국을 돌아다닌 사람 아냐. 왕성하게 전국활동할 때는, 몇 군데 빼놓고 친한 사람들이 한두 명씩은 있고. 그래 농담으로 그랬어. 딱 그만두고 2년간은 돌아다니며 얻어 먹을 수 있다. 여기서 먹고 자고, 또 차비 얻어서 또 가고, 2년간은 그냥 그걸로 충분하다고 그랬지.

전범선　　　한국에서는 충분히 그럴 수 있을 것 같다는 생각이 들더라고요. 한국이 크다면 큰데 또 작다면 작아서요. 동학도 접주제接主制*가 커지면서 실질적으로는 다 알았을 거 같아요, 서로. 저기는 누가 있고 저기는 누가 있고를.

정성헌　　　그래서 추가하고 싶은 말이 있어. 앞으로 만들 당은, 지금 현재 있는 당들도 이게 바꿔야 하는데…현재는 강력한 당파심으로 조직된 조직 아냐. 그건 충분히 이해하

---

*　각지에 접接과 접주接主를 두고 접주가 각 지역의 신도를 통솔하게 한 제도를 말한다.

지. 그런데 앞으로의 당은 당파심이 강력하면서도 당파심을 넘어서야 진짜 대중정당이 되는 거야.

그래서 내가 어제 내 후배 국회의원한테도, 좋은 일을 해라, 그랬어. 당원들이 할 게 없잖아. 맨날 편 드는 일만 하잖아. 좋은 일을 하면 될 거 아냐. 대표적으로 양삼심기 같은 거. 그런 걸 서울에서 한다면, 국민의 힘이나 정의당 다 같이 하자고 제안해서, 같이 해라. 그래야 사람이 커진다고. 많은 이들이, 여러 조직이 그런 구체적인 일을 하면, 그게 진짜 나라에 보탬이 되고 서민들이 근사한 사람들이 된다고. 그래서 강력한 당파심을 가지되, 좋은 일을 하는 당으로 바뀌어야 해.

보람과
이익

전범선　　　60년간 운동을 하셨잖아요. 돌아가실 때까지
하실 건가요? 질리거나 힘드시진 않으세요?

　　　　정성헌　　　아니, 이 사람아, 재미나니 하지. 질리면 안
　　하지.

전범선　　　(웃음) 그런 게 있잖아요. 은퇴할 때가 되면 이
걸 좀 해보고 싶다, 이런 취미가 있었는데 이제 좀 해보고
싶다, 그런 게 많잖아요. 그러니까 하나의 일을 평생 하는
사람은, 꼭 운동이 아니더라도 드문데요. 어떤 면에서 잘
맞으신 걸까요?

　　　　정성헌　　　사람이란 게, 보람과 이익이 통합된 게 가장 좋
　　아. 그런데 보람을 느낄 때가 많을수록, 뭐릴까, 그 일을 계속
　　하게 된다고. 젊었을 때는 좌절감을 느꼈지만, 나이 든 다음
　　부터는 좌절감은 별로 안 느껴. 보람을 많이 느끼는데. 보람

은 뭐냐면 바람직한 변화를 봤을때 느끼지. 이를테면, 어떤 사람을 발굴하고 그 사람을 육성하고 그 사람이 교육이 되고 변화가 되어, 결국 그 사람이 어떤 일을 주도해서 어떤 지역을 변화시켰다. 그런데 그런 모습을 여러 해에 걸쳐서 보면 엄청난 보람이 있지.

실제로 있던 얘기를 해보자고. 2009년, 아니면 2010년이겠다. 접경지역, 강화, 파주부터 고성까지 1개 시군에 5천 만원씩을 보내면서 유네스코 생물권보전지역으로 지정하도록 교육을 하라고 그랬어. 그래서 인제군청에서 우리에게 교육 의뢰가 온 거지. 그때 17개 마을교육을 했거든. 우리나라 운동에서 나 정도 고참이 되면 현장교육을 잘 안 해. 그런데 난 현장교육이 제일 재미있어. 인제군에서 17개 마을교육을 했지. 나중에는 고성군, 양구군까지 해달라고 그러더라고. 고성군 21개 마을, 양구군 20개 마을, 인제군까지 합하면 약 60개 마을 현장교육을 하고, 이장단 교육 등 교육을 많이 했어.

내가 언제 보람을 느끼냐 하면…현장교육장에서 많은 사람들이, 이러이런 걸 하면 어떤 혜택이 있다는 얘기를 많이 해요. 난 그렇게 안 해. 사실대로 얘기해. 예의를 갖추고 사실대로 말하지. 이런 식이야. 유네스코 생물권보전지역으로 지정되면, 정부에서 만든 자료가 있어, 규제는 없고 뭐 어쩌고 저쩌고 얘기하지. 그러면 대개, 일부러 그렇게 질문하기도 하는데 "그걸 어떻게 믿냐?" 그래. 그때 감언이설로 답하면 안 된다고. 이건 사실이고, 골자는 같다고 말해야 해. 지정될 경우 정부나 각국의 사례가 이러이러하다, 이건 사실이다, 여러분들이 마을총회에서 '우리 마을도 지정됐으면 좋겠다'고 군수에게 건의하든지, 하기 싫으면 '안 하겠다'고 건의해라. 나는 이렇게 말하거든.

그러면서 얘기를 한다고. 우리가 언제 이 접경지역에서 나무나 풀이나 동물을 위한 적이 있냐? 그런데 이걸 하는 건 곧 나를 위하는 거다. 풀을 아끼는 게 곧 나를 아끼는 거다, 나를 아끼는 게 곧 풀을 아끼는 거다. 이 말을 알아듣기 쉽게, 쉬운 말로, 솔직히 얘기를 하면, 신뢰가 생겨. 그래서, 이런 말은 안 하지만, 진짜 '무신불립無信不立'이야. 신뢰가 없으면 설 수 없어.

하여튼 내가 교육한 곳은 100%가 생물권보전지역 지정으로 여론 조성이 됐어. 그러니까 현장이건 아니건 어디서나 사람을 믿고, 동학 시각으로는 '천지부모天地父母' 같은 생각을 바탕에 두고, 사실 그대로 얘기하고, 우리가 주체가 돼서 미래로 가자는 마음을 가지고, 거기에 맞게 얘기를 하면 해. 결코 어려운 게 아니란 말이야.

우리사회가 왜 이상하게 됐냐면…지금 선출직이 많잖

아. 뭐든지 선출을 하잖아. 그러니까 이해관계 중심으로 얘기를 많이 하게 되고. 그렇게 된 지가 오래됐어. 그러니까 이게 쌓여서는 어디나 이익 중심으로 얘기를 자꾸 해요. 즉, 현재를 살아가는 사람들의 이야기 가운데 부분적인 이야기만 한단 말이야.

그래서 나는 '도술道術'이 뛰어나야 된다고 그래요. 도道가 중요하지만 그것이 술術과 결합되면 좋다. 그런데 도에 대한 얘기는 안 하고, 술 중심으로 얘기하는데, 사실 그게 주로 돈 얘기거든. 그럼 얘기하는 자도 돈 얘기, 듣는 자도 바라는 건 돈. 그러니까 부분적인 이야기란 말이야. 좋은 이야기가 잘 안 되는 거라.

전범선 저는 '재미와 의미'가 다 필요하다는 식으로 말해왔는데요. '보람과 이익', '도와 술'이 될 수도 있고요. 이것이 균형잡혀야 한다는 말씀이 마음에 와닿습니다. 그런데 현장에서 강연하시는 게 보람 있고 즐겁다고 하셨지만, 운동을 하는 입장에서 그게 곧 성과로 느껴지진 않잖아요. 물론 성과가 있을 수도 있겠지만요. 예를 들어, 동물해방운동의 경우, 저는 고작 5년밖에 안 됐지만, 5년간 가장 앞세워서 주장한 게, 개도살 금지를 하자였는데, 그게 지금까지도 안 되고 있어요. 이렇게 안 되는 것들을 생각하다 보면, 답답하거든요….

분신을
찾아라

정성헌   운동할 때 뭐에 주력해야 하냐면…어떤 얘기를 나보다 더 잘할 수 있는 분신을 어떻게 찾아낼 것인가, 여기에 주력하면 실망을 잘 안 해. 내 분신을, 동지를, 대리를 만드는 거지. 그게 제일 중요한 거야.

전범선   그게 왜 제일 중요하죠?

정성헌   그게 쉽지. 나 혼자는 얼마 못해. 나 비슷한 사람이 여럿이 하는 건 쉬워. 그런데 그 사람을 찾아내려는 노력이 아마 가장 중요한 운동 과정일 거예요. 그러니까 사람을 보는 눈이 생겨야 한다고. 사람을 찾아내면 돼. 자기하고 똑같은 사람은 없잖아요. 그러니까 마음을 어떻게 가져야 하냐면, 나보다 더 잘할 사람을 찾아낸다는 마음으로 봐야, 사람이 찾아지고. 또 찾아도 그런 마음이 있어야 상대방의 장점이 보이지, 그런 마음이 별로 없으면 상대방의 단점이 보여요. 상대방의 단점부터 보이면, 운동 못하는 사람이야. 장점을 봐야 해. 그리고 장점을 사랑하면 상대방의 단점을 지적해도 상대방이 덜 서운해해. 그런데 배운 자들이 대개는 단점을 지적을 많이 하거든. 그럼 매우 서운해한다고. 그래서 그 사람의 장점을 인정하고 좋아하면, 지적해도 덜 서운하지. 그런 관계가 돼야, 그런 걸 동지적 관계, 형제적 관계, 자매적 관계라고 볼 수 있는데, 운동에서는. 그런 게 보이지 않는 가장 중요한 힘이라고.

　　앞으로 좋은 정당이 나와야 하잖아? 좋은 정당을 만들어서 연립 정부가 되건 뭐건, 다양성이 담보된 정치로 대전환을 해야 싹수가 있는데⋯. 그러려면 자네들이 당을 만들어야 하잖아. 난 당이라는 건 안 만들어봐서 모르는데, 자기보다 나은 사람을 찾기 위해서 팔도강산을 누비면 어떤 사람이 찾아지고, 자기보다 못한 똘마니만 두려고 하면 그 당은 지금 있는 당과 똑같이 돼.

　　그리고 처음부터 끝까지 '일 중심'으로 해야 돼. 그 일이 잘 되게 하고 하려고 운동하는 거지 내가 잘 되려고 운동하는 게 아니잖아. 그런데 사람은 자기가 잘 되는 게 중요하기 때문에 문제인데⋯. 이건 알아두라고. 우리가 좋은 일을 해서 세상을 바꾸려 하는데, 운이 좋으면 자기 자신도 잘 될 수 있지만, 그렇게 운 좋은 사람은 몇 명 안 된다는 거. 그렇게 운 좋은 사람은 많지 않다는 걸 미리 알고, 그 일을 성취해 가야겠지.

조직화
방법론

전범선　　한국에서 당은 1만 명이 필요하더라고요, 5개 지자체에서. 그러니까 2천 명씩 있는 지부가 5개는 있어야 당이 되는 규모인데요. 저희 단체도 그런 맥락에서 사람들과 직접 교류하고 얼굴을 알아가는 식으로 조직화를 해가려고 합니다. 앞으로 5년간은, 어떻게 하면 저희 조직을 체계화할 거냐, 사람들이 지치지 않고 서로 신명나게 운동할 수 있는 문화를 만들거냐, 이게 저희의 중점과제인데요.

그런데 규모가 어렵더라고요. 어느 정도의 규모이면 적당한 건지, 규모가 만일 불가피하게 커졌을 때, 적절한 조직 방식이 있는 건지.

지금까지는 우리가 열심히 캠페인을 해서 이슈가 되면 후원이 들어오고, 후원이 늘면 활동비가 많아지고, 그러면 일을 더 크게 할 수 있고…이런 생각만 계속한 거죠. 그런데 현장에서, 인제에서 뭔가 해보려고 하고, 그리고 더 중요하게는 조직 자체의 건강함, 지속가능함을 생각하고요. 빨리 커지는 게 중요한 게 아니라 정말 공동체가 돼야 하는구나, 그런 생각인 거죠. 우리 내부의 어떤 문화를 위해서도 서로 인간적으로 가까워져야 하겠고요. 그런데 이게 무척 힘든 일이잖아요. 하지만 운동에 투신하는 입장에서는 한번 동지가 되면, 서로 평생 가지 않을 수가 없더라고요, 운동을 평생 하려고 하는 사람인 이상. 그래서 우리 가족을 키워나가야 된다는 그런 느낌처럼 되었어요. 특히 신월리 마을에 다 같이 이주를 하기로 하니까 마을운동처럼 돼버리더라고요. 마을이라는 게 너무 커질 수가 없잖아요. 한 마을에 150명 이상 있으면 벌써 얼굴 기억 안 나니까요. 그럼 단체도 뭔가 규모를 정해야 하는 건가 싶기도 하고요. 그림이 안 잡혀요.

정성헌   동해물이 약 800명 되지?

전범선   후원회원은 900명 되죠.

정성헌   그리고 소 구출한다고 했을 때 돈 낸 사람이 1500~1600명 됐잖아. 그러니까 한 2천 명으로 봐야 해. 그럼 상당히 큰 조직이지.

　　　　　교과서식으로 얘기를 해야겠는데, 조직이라는 건 지역 조직과 부문 조직, 이 두 개로 나눠보는 게 가장 좋아요.

예를 들어, 강원도에 3년 안에 300명을 만든다든지. 부문으로는 청년학생들이 100명 정도를 만든다든지. 하여튼 그건 자기 조직이나 사회 형편을 봐서 분석하고 목표를 세워서 해야겠지.

지역과 부문을 생각하라. 그래서 현장에서 만일 조직이 잘 된다고 해봐. 그럼 어떻게 해야 하냐면, 절대 서두르면 안 돼, 조직화를. 그런데 가장 서둘러야 할 게 뭐냐면 중심인물이야. 중심인물이 있으면 그 사람은 그걸 자기 일로 생각하기 때문에 거기서 만난 사람들을 하나도 소홀히 하지 않고 엮어서 뭘 한다고. 그런데 중심인물이 없으면 다 흩어져. 교양강좌로 끝나고 말지. 그래서 중심인물을 찾는 데 주력해야 해. 그게 나의 분신을 찾는 거라고. 중심인물이 있으면 그 사람이 구심력이 돼.

이건 뭐 경험칙인데, 어느 단위마다 대개 세 명이 필요해요. 거기가 인제군 남면이지? 남면에서 세 명을 찾는 게 중요하지. 그러면 그 세 명이 엄청난 일을 한다고. 그런데 그들을 못 찾으면, 혼자 하려면 대단히 힘들지. 그 세 명이 어떤 사람이냐, 그건 자네들이 정하면 돼. 혼자 하는 건 결함이 많아. 혼자가 아니라 세 명 정도가 같이 판단하면, 실패 확률이 주는 건데.

그 세 명은 대개 어떤 사람이냐? 우리의 현재가 이러

이러한데 앞으로 저 길로 가면 희망이 있다고 얘기할 수 있는 사람, 그 사람이 바로 중심이야. 희망을 제시하고 함께 갈 수 있는 사람, 그 사람이 지도자야. 또 한 사람은, 바람직한 농업으로 생각했을 때, 종자와 토양, 퇴비, 이런 것에 구체적으로 밝은 사람이 하나 있어야 해. 그러니까 실천적 전문가지. 또 한 사람은, 농촌을 예로 드는 거야, 좋은 농산물을 제대로 팔 사람이야. 생산지 바깥에 나간 사람들하고 아주 친하게 지내고, 그들을 친근감 있게 잘 엮을 수 있는 사람. 농촌을 예로 든 건데, 이걸 동해물에 대입을 해 봐. 중심인물이 있어야 하고 그 일을 성사시키는 실무 전문가가 있어야 하고, 그걸 널리 알리고 다시 안으로 수렴하는 그런 사람이 있어야 한단 말이야. 중심과 양날개가 있어야 한다고.

그런 관점으로 사람을 한번 봐봐. 그리고 어떤 사람이 진짜 뭘 잘 하는구나를 볼 줄 아는 안목이 있어야 해. 안목이 없는 자들이 그냥 어떤 절차에 의해서 중심이 되면 그것 참 골치 아픈 거야. 지금 우리가 겪는 게 그런 거 아냐.

생명살림 국민운동 다시 시작
: 1건 2식 3감

전범선   저는 사실 이 책을 만들면서 선생님에게 인생의 지혜를 배우는, 개인과외 받는 느낌이기도 하지만, 더 구체적으로는 선생님께서 하시는 일과 동해물이 해왔던 일이 만나서 더 새로운 흐름으로 갈 수 있을까를 고민하고 있거든요. 그래서 말씀인데요, 국민운동을 저희가 나서서 실천해야 할 것 같아요. 선생님께서 해오신 운동의 뜻이 너무 좋고 그게 중단돼서 아쉬운 것도 있지만, 저희도 지금껏 해오던 운동에서 조금 나아가서 더 많은 사람들에게 공감을 얻고 더 긍정적이고 구체적인 행동을 유도하는 방향으로 나아가려 하거든요. 3감을 하고, 2식을 하고, 나아가 1건을 하는 목표로 운동을 전개한다면, 굉장히 파급력이 있을 것 같아요.

그리고 그걸 위해서 움직이다 보면 저도 훨씬 현장 중심으로 다닐 것 같고요.

정성헌　　　그거 좋지. 신월리에서 그렇게 시작을 하고 여기서 받쳐주면. 신월리를 생각해보자고. 계획들이 있겠지만. 물론 땅을 마음대로 쓴다는 걸 전제하고 하는 얘기야. 집이 중요한 게 아니고 땅이 중요하다고, 땅 위에 짓는 거니까. 허가를 다 받았다고 가정하면, 신월리 가구 수가 대략 50호니까…신월리 전체의 전기를 자급하려면 200kw면 되겠다. 1,400평 농토 위에 100kw짜리 두 기를 세우면 유기농태양광 발전을 할 수 있고, 동네 전체가 전기 자급이 되고 일부 농기계까지도 충전이 되고 자동차 충전도 일부 할 수 있어.

전범선　　　이미 많더라고요. 농사를 정리하고 태양광 발전소를 많이 지으셨어요.

새마을운동중앙회 시절, 정성헌이 만든 유기농태양광 발전소

정성헌　　　그런데 그게 우리나라 정책이 짧아서 그런 거야. 유기농업과 태양광 발전을 결합을 못시키고 그냥 태양광 발전 설비만 달랑 있게 했다고. 그건 기후위기를 극복하는 게 아니고 돈 때문에 하는 거예요. 늙어갈수록 오히려 꽤 그럴싸한 마음을 갖게 해야 하는데 돈에 매이게 하니, 그게 정책의 빈곤이에요. 유기농태양광 발전을 해서 땅도 살리고 태양광 발전을 해서 경제에 보탬도 되게 해야 한단 말이야. 자기가 자립을 하기 위해서라도 해야 하고, 또 그게 거길 찾아오는 사람들에게는 견학 교육이 되거든. 이렇게 하면 된다는 걸 딱 숫자로, 눈으로 보여주는 거거든. 그게 거기서 할 수 있는 1건이고.

　　　2식은, 소먹이용 양삼을 심으려면, 평수가 사실은 800평은 나왔으면 좋겠는데, 얼마 나올지 모르겠어, 아니면 400평이라도 심어야지. 그러면 풀 사료가 얼마나 나올지가 나온단 말이지.

　　　그리고 나무 심는 건, 내 큰 원칙 중 하나인데, 도시든 농촌이든 이산화탄소를 더 많이 흡수하고, 산소를 더 많이 배출하고, 초미세먼지나 미세먼지 흡착률이 더 높은 걸 심어야 한다는 원칙이지. 그리고 가능하면, 사람 입으로 들어가는 걸 심어야 해. 그런 큰 원칙을 세워야 한다고. 그리고 식물성 기름을 많이 짤 수 있는 나무여야 하고.

올해는 실험을 하면서 합의하고 모색하는 과정이라고 보는데, 확정하기 전에 느슨하게 내부규약 비슷한 걸 만들어야 할 거야. 그런 식으로 공동체의 모습을 내실 있게 갖춰가야겠지.

전범선 뭔가 정리가 되는 것 같은데요. 내가 하지 않아도 나를 대신해 줄 수 있는 분신 같은 사람들을 만들기 위해서, 사람들을 보는 눈을 가지고 다니면서 나보다 더 잘할 수 있는 사람으로 대우하다 보면, 그런 사람들이 늘어나는 게 운동이다….

정성헌 그럴 때 보람을 느끼는 거야. 그래서 그게 좋은 거지.

전범선 선생님께서는 친구가 진짜 많으실 것 같아요.

정성헌 많지.

전범선 (웃음)

교육 그리고
현장교육 원칙

정성헌　　그 얘기를 들으니 얼핏 떠오르는 사람이 있는 데⋯안성의 가톨릭 농민회, 안성시 미양면 갈전리에 이영철이라고 있어. 그 친구가 벌써 60이 넘었지? 느닷없이 몇 년에 한번씩 전화가 와. "형님이 여기 와서 마을교육하면서, 협동이 어쩌고, 그랬는데 그때 그 교육을 내가 안 받았으면 어쩌고 저쩌고" 해. 우리나라 의료협동조합 중에서 상당히 규모가 있는 게 안성의료협동조합 아냐, 조합원이 지금 거의 5천 명 될 걸. 거기 잘해. 지난 해에 거기 출신이 안성시장에 재선됐더라고. 김보라라고. 이영철이 거기 이사란 말이야.

　　그런데 철칙은 아니지만 당시에 내가 상당히 강조했던 게 "협동조합은 처음부터 끝까지가, 운동은 처음부터 끝까지가 교육이다"였어. 교육 없는 협동조합은 망한다. 이 친구가 그 얘기를 하더라고, 자기는 안성의료협동조합에서 교육의 중요성을 가장 강조하는데, "형님, 1980년대에 우리가 배운 게 바로 그거 아니오." 그래.

전범선　　협동조합뿐만 아니라 운동 전반에서 교육이라는 게 중요하고…교육이라는 게 지식을 가르치는 것이라기보다는 사람들을 만나고 그 사람들 가운데에서 자기의 분신을 만들어내고 찾아가는 과정이라고 생각하면, 그게 운동의 전부라는 말씀도 이해가 되네요. 그게 아직도 재밌으신 거고요.

정성헌　　지금 사회 전체가 원자화되고 지나치게 돈 중심이 되다 보니 운동하기가 참 힘들다는 얘기를 많이 해. 그건 사실이잖아. 현실이 그러니까. 그래서 내가 하는 말이 있어. 과거에는 억압체제이고 탄압의 시기였기 때문에 운동의 조건은 힘들었다, 그러나 괜찮은 사람들이 많았다. 왜냐면 공동체성이 훨씬 강하던 시대니까. 대가족이고, 농업 공동체가 많고, 학교에서도 그랬거든. 그러니까 조건이 나빠진 건 사실이야. 그런데 운동하는 사람은 그걸 직시하고, 조건이 나쁜 걸 직시하고, 과거보다 세 배의 정성으로 사람을 찾아야 한다. 세 배의 정성으로 하면, 사람을 찾아내. 그런데 과거 정성의 1/3밖에 안 기울이니, 쉽게 그게 안 되지. 그런 식으로 실망하고 좌절한다고. 자기가 더 노력을 안하고 금방 좌절을 한단 말이야. 안 된다고.

전법선　　　사람 찾을 때 정성 들이는 것 말고, 현장에서 적용해오신 어떤 불변의 원칙이 있으세요?

정성헌　　　해야 할 거와 하지 않아야 하는 게 있는데…거짓말하고 감언이설하면 안 돼. 그쪽 비위에 맞추는 거. 난 지금 많은 것들이 전부 그거라고 봐. 비위에 맞춰서 자기 패거리 늘려서 수입 올리려는 거. 지식인이건 선동꾼이건 뭐건, 거의 다 그래. 그건 하지 말아야 될 거고.

그리고 꼭 해야 할 게, 자기가 뭘 주장하면 반드시 실천을 해야 해. 이론과 실천이 하나가 되도록 노력을 해야 해. 그렇지 않으면 안 믿어요. 그리고 융통자재融通自在하게 적용하면 되는 거 아냐.

내가 교육을 많이 하는데, 노인교육도 하거든. 한번은 인제군에서 노인교육을 한 적이 있는데, 그날 결론이 뭐냐면 우리 인제군의 개울이 145개나 있는데, 내가 몇 곳 다녀보니까 물이 엄청나게 좋은데, 그걸 우리가 제대로 돌보지 않았다. 그래서 내 생각엔 노인회에서 총동원령을 내리면, 부녀회가 안 나오겠냐, 청년회가 안 나오겠냐. 다 나온단 말이야. 노인회가 제일 고참 조직이니까. 새마을운동회가 1년에 두 번씩 개울 청소를 하지만, 그건 그저 개울 청소야. 우리의 목표는, 우리 자손에게 좋은 마을을 물려줘야 한다는 건데, 그렇다면 깨끗한 걸로 끝나면 안 된다, '아름다운' 개울을 만들어야 된다. 우리의 목표는 아름다운 개울이다. 생물다양성이란 말은 안했지만, 우리가 마지막에 꽃 피워서 열매 맺어 줄 것은 아름다움이다. 뭐 그런 식의 얘기를 해.

이 말을 이렇게 자세히 하는 건 뭐냐면 정성이 있어야 되고, 사실에 입각해서 미래로 가게 해야 해. 왜 노인네라고 옛날 얘기만 하냔 말이야. 미래로 가자는 얘기를 해야지. 운동이라는 건 앞으로 가게 해야 하는 거야. 비판은 조금만 하면 돼. 요새 강의는, 너네 억울하지? 그러니까 내가 위로해줄게, 이런 식의 강의가 많잖아. 그런 게 내가 보기에는 전부 시장화된 거야.

그리고 현장교육할 때, 또는 현장에서 지켜야 할 원칙 하나가 더 있는데…보통 말을 써야 해. 내가 보기에는 그게 제일 중요해. 말이라는 건 소통 수단이잖아. 재작년에 내가 '한국판 뉴딜 공동자문위원장'이었는데, 그때 내 첫 발언이 뭐였냐면, "우리나라 국민이 알아들을 말을 써야지 한국판 뉴딜이 뭐냐"였어. 그게 뭔지를 몰라, 사람들이. 한국판 뉴딜. 이 말을 알아들을 사람이 몇 명이 되겠냐고. 실제로 모른다고. 진짜 말 때문에 통하지 않는 경우가 너무 많아. 내가 실제 겪었던 얘기를 할게. 서화리에 있을 때 강원대 교수 같은 사람들이 와서 마을교육을 하는데, 영어 약자가 많이 나와서 내가 옆에 있는 동네 주민에게 "그 말 알아들어요?" 물으니까 모른다고 그래. "그럼 중간에 물어봐야지." 하니 "그걸 어떻게 물어봐요?" 그래. 정말로 그걸 어떻게 물어보냐고. 웬만한 용기가 없으면 못 물어본다고. "그게 무슨 말입니까, 강사님." 이렇게 말을 못 한단 말이야. 그냥 지나가는 거야. 실제로는 모르고 듣는 거지. 나는 그런 걸 너무 많이 봤어. 그리고 대중을 위한 책을 쓰면 반드시 용어 해설집을 뒤에다 붙여야 해. 그게 대중에 대한 예의거든. 그래서 말은 쉽고 편한 말을 하고, 궁극적으로는 아름다운 말을 써야 되겠지.

그리고 현장교육이나 조직 만들기 얘기할 때 자주 말하는 건데, 자기 마음으로 모시는 스승이라 할까, 그런 분을 모시고 이분들처럼 또는 더 노력해서 이 분들 이상으로 해봐야겠다는 마음이 있는 게 좋다고 봐. 마음으로 스승을 모셔라. 예를 들어, 내가 보기에는 동서고금의 성현 중에 마음으로 모실 사람이 있다는 거지. 석가모니 같은 경우는 35세에 깨달음을 얻어서 80세에 길에서 돌아가신 거 아냐. 그러니까 45년을 현장교육을 하고 현장조직을 한 분이라고, 그분이. 그래서 돌아간 후에 제자들이 잘 해서 북인도에서 널리 퍼지고, 나중에 용수龍樹* 때 세계적인 고등종교가 되었단 말

---

* Nāgārjuna. 남인도에서 태어난 승려로, 중관 사상의 창시자로 알려져 있다. 대승불교/대승불교 철학의 아버지라고도 불린다.

이야.

　　그리고 소문이 안 나서 그런데, 최시형 선사가 계시지. 그분은 30년 이상 하셨지. 함부로 비교할 건 아니지만, 석가모니는 그래도 탄압은 직접 안 받고 대우 받은 것도 꽤 있거든. 그런데 이 양반은 수배생활을 하면서도 현장교육, 현장조직을 했단 말이야. 내가 보기에는 최고의 현장교육자, 현장조직가야. 더군다나 먹는 게 부실해서, 자기가 일해서 번 돈으로 먹은 경우가 많잖아. 짚신 같은 걸 팔아서 말이지. 그 양반 말씀은 무척 쉬워. 노동이나 생명에 대한 무척 쉬운 말들이 많아. 최제우 선생보다 더 쉽단 말이야.

　　그리고 예수는 3년간 현장교육과 조직활동을 했는데, 탄압이 워낙 극심했기 때문에 바로 처형당한 거고. 그분도 대단한 현장교육자, 현장조직가라고. 그래서 제자들이, 좋다 한번 해보자, 해서 세계적인 종교가 된 거 아냐.

　　조금 다르지만, 공자는 계속 돌아다니다 안 되니까 7년간 자기 고향 현장에서 교육사업을 한 거예요. 그런데 이 경우는 대중교육과 엘리트교육을 같이 한 거라고. 3천 명 제자가 생기고 70여 명의 핵심 제자들이 생겼지.

　　대개 공통점이 뭐냐면 핵심 제자가 십 수명이라고. 두 자리 숫자야. 많아서 되는 게 아니라고.

전범선　　　말씀을 종합해보면, 현장에서 지켜야 할 원칙들이 보이는 것 같아요. 운동한다는 게 더 나은 세상을 상상하면서 거기로 나아가는 거잖아요. 그런데 그러다 보면 그 과정이 아름답지가 못하고⋯궁극적으로는 원자화되고 분리된 상황을 극복해서 살림공동체를 만들자고 하면서, 실제로는 공동체가 없는 상태로 운동하면, 사람들이 힘든 것 같아요.

　　　말씀을 종합해서 생각해보면, 사람을 어떻게 대해야 하는지, 사람과 어떻게 관계를 맺을지에 대한 매우 실용적인 말씀이시고요. 그렇게 관계를 맺다 보면 나의 분신과도 같은 이들이 생긴다. 그게 선생님께서 말씀하시는 생명공동체가 이미 아닐까, 그런 생각이 듭니다.

세대간 단절 극복과
기후운동

전범선   저 말고도 청년 세대 운동하는 친구들이랑 교류가 있으신가요?

정성헌   있지, 춘천에도 좀 있고.

정성헌   제가 선생님과 이렇게까지 얘기하게 된 것도 실은 지금 말씀하셨던 그런 태도로 저를 대해주셔서 그런 것 같아요. 그러니까 얘기를 하다 보면 많은 경우 돈 얘기로 가게 되거나 다른 얘기를 하게 되는데, 생각했던 맑은 이야기들을 계속 하게 되는 것 같아서, 제가 진심으로 공감하게 되고요. 이런 어르신이 있구나, 그런 생각을 하게 되는 것 같습니다. 사실 좋은 어른들이 많을 거라고 생각하고요.

정성헌   많지. 좋은 사람들은 많지.

전범선   저희 또래는 그런 분들을 만나지 못해서 힘든 것 같아요. 조금 전에 희망을 가지고 운동하신다고 하셨는데, 저희는 후배를 양성하거나 동지를 만나 희망을 얻는 경우도 있지만, 아 나도 저렇게 살고 싶다, 저렇게 늙고 싶다, 이런 상이 잘 안 보여서 희망이 없는 것 같아요. 운동하는 여성 동지들 같은 경우는 당당하고 멋있는 행복한 할머니로 늙고 싶은데, 그런 할머니를 찾기가 힘든 거죠. 꼭 여성이 아니더라도 운동가로서, 저렇게 살면 그래도 내가 60년을 운동했을 때 행복할 수 있겠구나, 이런 생각을 하게 하는 모델은 선생님이 거의 유일하세요.

정성헌　　더 많은 좋은 사람들이 있는데, 아직 못 만나서 그렇지. 내가 소개시켜줄게.

전범선　　86세대 운동하시던 분들은 변절이라기보다는 약간 변모하셨고요, 정치권에 나가시면서요. 저렇게 되고 싶다 싶은 사람이 많지가 않은 거예요. 사실 저희 또래 운동하는 친구들이 '소진된다'고 말씀 드렸는데요, 이게 화병하고는 다른 거예요. 소진되는 이유는 희망이 없기 때문이고, 희망이 없는 이유는 미래의 상으로 생각할 만한 분들이 많지 않은 것 때문이고요. 그런 역할을 선생님께서 많이 해주셨으면 좋겠습니다.

그리고 제가 선생님 세대와 이야기한 게 얼마만인지 모르겠어요. 예전에 저희 할머니 할아버지와, 작정을 하고 구술사를 한 적이 있어요. 네 분 앞에서 살아오신 얘기 좀 해보시라, 하면서 말씀을 들었고, 그걸 제가 기록해놨었거든요. 그때 한 대화가 제가 할머니, 할아버지랑 평생 대화한 것보다 많았던 것 같고요.

그런데 반추해 보면, 저희 세대에 조부모 세대와 함께할 수 있는 기회가 있는 사람은 거의 없을 것 같아요. 반대로 노인분들께서도 청년들과 이런 대화를 할 일도 없고요. 기후위기 해결을 위해서는 노장청이 같이 달려들어도 될까 말까 하다고 말씀하셨지만, 기후위기를 떠나서, 사람이 그저 행복하게 살아가는 문제에서도 이건 상당히 치명적인 문제인 것 같거든요. 그래서 세대 간 대화 단절 문제가 큰 문제라고 보고요.

앞으로 생명살림 국민운동을, 60+기후행동이랑 동해물이랑, 다른 단체들이랑 같이 한다면 그게 하나의 분수령이 될 수도 있겠지만, 앞으로 어떻게 하면 이런 자리가 많아질 수 있을지가 고민이거든요. 선생님께서는 우리사회가 압축적으로 변화했다고 하셨는데, 선생님 세대랑 저희 세대랑은 경험이 굉장히 다른 것 같아요. 전근대와 근대 또는 탈근대의 차이만큼 크게 느껴져요. 이 간극을 어떻게 좁

힐 수 있을지가 저에겐, 그 어떤 것보다도 중요한 사회적 화두가 아닐까 싶고요. 이와 관련해서 어떤 혜안이 있으실 거 같은데요.

정성헌   혜안은 없고…. 2주 전인가, 춘천에서 나더러 기후위기 극복을 위한 춘천 종교사회단체연석회의 기조 발제 비슷한 걸 해보라고 그래. 20~30명 모일 거라고. 가 보니까 50명 정도 모였어. 그러니까 한 단체로 치면 약 30개 종교단체, 사회단체가 다 왔더라고. 평화생명동산 이사인 이헌수가 6개월 노력을 해서 1차 모임이 있었고, 4월 22일 지구의 날에 정식 발족을 해서, 기후위기 극복을 위한 춘천 시민들의 활동이 전개될 거야. 헌수의 역할이 무척 중요하지. 사람들 다 만나서 합의를 이끌어내고, 그 힘을 가지고 춘천시와 얘기해서 민관협의체를 만들어 나아가야 하겠지. 나는 그게 순풍에 돛단 듯 잘 되리라 보지는 않지만, 우여곡절을 겪게 되겠지만….

기후위기 극복에 대해서 시민사회단체나 정부단체나 나름대로 하고 있는 게 있는데, 그냥 그렇게 하고 있을 뿐이야. 즉, 이렇게 하면 더 잘 된다는, 춘천시가 이랬으면 좋겠다는 공동의 큰 그림이 별로 없다고. 그리고 시장, 군수가 선거 때 제시한 내용은 사람들이 아무것도 기억을 못 해. 행정기

관을 통해 실행되는 것도 관계자 말고는 잘 몰라. 모든 게 다 그렇다고 봐야 해요. 어디나 그렇다고.

그래서 구체적인 노력이 필요하단 말이야. 그걸 위한 모임을 해야 하고. 그런 모임의 필요성을 깨닫고 움직이는 한두 명이 꼭 있어야 해요. 초기의 핵심. 운동 용어로는 '초동 주체'라고 하는데. 초기의 중심. 그 중심이 가져야 할 자세가 이거야. '중심인데, 중심이 아니다.' 중심인데, 중심이 아니어야 성공을 한다고. 반드시 중심 역할을 해야 하는데, 사람이 넉넉해야 해. 그 중심이 생각하는 요건에 맞는 사람만 받아들이기 시작하면 하나의 패거리가 되지만, 대중운동이 되지는 않아요. 중심이되, 중심이 아니어야 한다. 이게 역설이라고. 생명의 역설.

그리고 운동은 처음부터 너무 빡빡하게 하면 안 되고, 친해지는 게 중요해요, 친해지는 게. 난 그래서 토론회라는 걸 잘 안 믿어. 토론이라는 건 사실 서로 친해서 서로 의기투합하고, 상당히 모자라도 봐줘야 한다고. 뭔놈의 토론회를 그렇게 많이 해? 토론은 자기 주장하는 거거든. 아주 높은 수준의 심성이 아니면, 토론이라는 건 내가 보기에 별로 안 중요해. 그래서 친해지도록 하면서, 서로의 경험을 많이 나눌 수 있는 기회를 많이 배치해야 하고. 토론은 나중에, 진짜 친해진 다음에 하면 되고.

그리고 어떤 일을 같이 하게 되면 '우리가 해냈다'는 걸 찾아내야 좋겠지. 양삼심기는 그런 것이 될 수 있어. 야, 우리가, 1만명이 1억으로 30만 평 심었다. 그러면 엄청나게 뿌듯하거든. 자신감이 생기지. 그게 대중 주체의 자신감이야. 일을 하려면 이상은 높게 하더라도, 실제로 해들어갈 때는 쉬운 것부터 해야 해. 그래서 기본 자세를 끊임없이 요구해야 해. 나는 쉽게 말하지. 돈 내고 시간 내면 된다, 그래. 바빠서 시간 못 낼 사람은 돈 내. 그런 얘기를 할 수 있는 대중적 분위기가 돼야 한다.

전범선 제가 아직까지 안 해봤고, 앞으로 하게 될 게, 인제 가서 농사짓는 것인데요, 솔직히 좀 겁이 나기도 해요. 이사장님은 인텔리로서 운동을 해오시다가 어떤 계기로 우리밀살리기 운동, 땅으로 돌아가는 운동의 길을 가게 되셨지만, 저는 경험이 없으니 약간 겁이 나긴 해요. 현장과 맞는 운동을 해야 한다는 생각에서 저도 농사를 지어야겠다고 생각은 하지만, 그것조차도 저에게는 이론적인 거죠, 아직까지는. 선생님께서는 농촌에서 나고 자라신 경험이 있으시지만 저희는 진짜 말 그대로 아파트에서 평생을 보냈고 굉장히 파편화된 삶이 익숙하고, 자연으로부터, 땅으로부터 분리된 삶이 익숙하기 때문에, 현장으로 간다, 지방으로 간다, 농촌으로 간다, 농사를 짓는다, 이런 것이 조금은 엄두가 안 나거든요. 먼저 해보신 입장에서 조언을 해주실 게 있으실지 궁금합니다.

정성헌　　　우선, 현장을 좀 넉넉하게 넓게 생각해야 해요. 신월리 현장은 삶의 현장이면서 공동체 실현의 현장이고 동해물의 목표를 실현하는 현장인데. 동해물 사람들의 도시 현장도 있잖아요. 어떤 때는 항의 현장도 있을 테고. 그러니까 현장이라는 걸 넓게 생각해야 하고. 그리고 신월리 현장에 뿌리를 내려서 살려는 사람이 있을 거야. 걔네들이 단단하게 뿌리를 내리도록 해주고. 또, 어떤 때는 싫증이 나기도 할 거야. 그러면 이해를 해줘야 해. 잠깐 쉴 수도 있고. 그래서 난 넉넉하기를 바라고.

그리고 뭔가를 실천할 때 자기 힘에 맞춰서, 계획을 세워서 해야 한다고. 올해의 목표는 뭐고, 그 목표를 달성하기 위한 활동 내용은 뭐다. 그게 주민등록 이전해서 거기서 뿌리내려 살 사람들 사이에서 정말로 합의가 돼야 하잖아. 합의가 안 되는 거, 그거 골치 아픈 거예요. 합의가 잘 안 됐을 때는 책임을 남 탓으로 돌리기 때문에. 그래서 이상은 높아도, 현실에서는 단계적으로 보라는 거지. 크게는 10개년 계획을 세우고, 그리고 우선 3개년 계획을 세운 후에 그걸 수행

하고, 그러면 대부분 성공적으로 될 거야. 그리고 한 해 정도
는 초짜들이 들어가서 했으니까 지나간 걸 잘 따져봐서 앞으
로 3년을 어떻게 해야 할지를 생각하는 일종의 조정 기간으
로 보내고, 그 다음에 3개년 계획 세우고, 또 3개년 계획 세우
고 그러면 10년이 되는 거야. 1차 3개년 계획을 실행하고 1
년간 조정기를 거쳐서 2차 3개년, 3차 3개년. 3 1 3 3. 그러면
상당히 훌륭한 공동체가 될 가능성이 높지.

규모
문제

전범선   대한민국에서 생명살림 국민운동을 한다고 했을 때 그 규모를 어느 정도로 생각해야 하는지를 모르겠어요. 서양에서는 '크리티컬 매스critical mass'라고 해서 2~3%가 움직이면 된다고 하는데요. 한국은 5천만이니까, 그게 약 100만 명이잖아요. 그래서 동물해방을 지지하는 채식주의자를 100만 명을 만들자라고도 얘기하고요. 지금 영국, 이스라엘, 호주, 독일 같은 곳은 이미 인구의 5%가 넘었거든요, 비건들이. 젊은 세대 같은 경우는 10%가 넘고요.

생명살림 국민운동을 한다 할 때, 얼굴 알고 믿을 수 있는 분신 같은 사람이 몇 명이 있어야 하는지 모르겠어요.

정성헌   아주 구체적인 예를 들어볼게. 인제에서 6·25전쟁 발발 50주년 행사를 한 적이 있었어, 민간 차원에서. 그때가 서기 2000년인데. 그런데 뭘 할려면 돈이 있어야 하잖아. 인제군에도 여러 모임이 매우 많다고. 그래서 원로급들에게 자문을 구해서 하자고 했는데…5천만 원 정도로 한번 해보자고 이야기가 됐거든. 그런데 원로들이 다 그래, 5천만 원, 그거 인제군은 안 돼…. 그러면 5천만 원 목표로 한번 해보고, 행사는 전국 성격으로 하지만, 규모는 작게 하고, 모금이 적게 되면 작게 하자고 했지. 그런데 전부 자신을 못하더라고. 그런데 두 달 동안 5천만 원이 넘게 모였어. 5천만 원이 넘어서 행사 마치고 1,700만 원이 남았어요. 대중 모금을 해보면, 직감이 가는 게 있어. 난 된다고 봤거든.

지금 인제군 이야기를 했지만, 이런 걸 전국적으로 생각하면 되는 거야. 그러니까 돈을 마음 먹고 낼 수 있게 하는 분위기와 내용이 상당히 중요한 거란 말이야. 생명살림 국민운동은 잘 준비하면, 구심력으로 흡수가 될 거고, 다른 원심력에 잘 안 끌려가고 중심을 잡는 게 될 거야. 지금은 정파적 원심력이 너무 강해.

전범선　　새마을운동중앙회는 회원이 몇 명이죠?

정성헌　　회원이 207만이라고 하는데, 실무하는 사람은 예전엔 2천 명이었는데, 내가 할 때는 500명이 조금 안 됐어. 생명살림 국민운동할 때, 현장교육을 하고 그 과정에서 조직화할 사람으로 내가 계산한 건 2천 명이었어. 현장 강사를 2천 명으로 생각했다고. 첫 해에 400명, 그 다음 해에 700명,

마지막 해에 900명. 그리고 대중과 결합해서 같이할 사람이 1만 명 필요해. 그래서 1만 명을 선발해놨다고. 대중들과 대화를 하고, 야, 너 이거에 돈 내, 이렇게 말할 수 있는 사람들. 그런 사람이 1만 명.

전범선　　대한민국에서 뭐 하려고 하면 1만 명이 필요하네요. 정당 만들 때도 1만 명이 필요하더라고요.

정성헌　　계산 좀 해봐. 1만 나누기 228. 228개 시군구. 얼마 나오지? 40~50명이지? 시군구당 40~50명이야. 산술적으론 그래. 영양군처럼 인구가 적은 데는 좀 적을 수도 있고. 편차는 있지. 40~50명으로 보면 되는데. 농어촌은 10개 읍면으로 생각하면 되거든. 그러면 1개의 읍면에 4~5명씩 있으면 돼. 서울은 25개 구지? 그러면 나누기해보면 대강 나오잖아. 경기도는 31개 시군이잖아. 계산이 나오잖아.

　　계획은 크게 세우고 세부적으로 어떻게 할지는 엄청나게 구체적으로 봐야 하지. 이런 걸 시스템 어쩌고 하는데, 시스템도 좋아야 하지만 사실은 그걸 제대로 할 수 있는 사람을 우선 찾아야 해. 시스템이 일하지 않아, 사람이 일하지. 그러니까 제법 과학적으로 해야 한다고.

다섯째 마당
운동 사례담

연어사랑 시민모임

전범선　　연어사랑 시민모임은 어떻게 처음 시작된 거●
예요?

정성헌　　내가 강원도 춘천 사람이어서 잘 아는데, 그 당
시도 그렇고 지금도 그래, 강원도 사람들이 개발과 성장에
대한 욕구가 아주 강했고, 각 공직 출마자들도 그걸 많이 부
추기고, 언론도 그렇고. 늘 그랬어. 지금도 그렇지만.

　　　그래서 우리 선후배들 중심으로 그러지 말고 강원도
를 환경친화적으로 발전시키자는 취지의 작은 모임을 꾸려
서 대안을 제시하자고 해서 모였지. '강원발전연구회'라는 모
임인데. 그때 한 20~30명이 모여서 가끔 세미나까지는 아니
고 여러 이야기들을 했다고. 그 중에 나온 한가지 이야기가
있는데….

　　　우리나라 대부분의 큰 강이 동쪽에서 발원해 서해로
빠져나가잖아, 동쪽은 태백산맥이라는 큰 산맥이 있으니까
강이 짧고 몇 개 안 돼. 그런데 휴전선을 끼고 왔다 갔다 흐르
는 강이 하나 있어, 남강이라고. 동쪽은 강자 붙은 강이 몇 개

안 돼, 대개는 천 자를 붙여. 그런데 휴전선을 오가는 강, 즉 남강은 지류가 많아. 남쪽 지류가 북쪽으로 흘러가니까 남쪽 지류 한 지점에서 새끼 연어를 방류해주면, 연어는 반드시 자기가 방류된 곳으로 돌아오는 본능(모천회귀본능)이 있어서, 베링해협까지 갔다 와서 일본의 소야 해협을 통해서 함경북도 쪽으로 와서 들어오는 입구가 해금강이란 말이야. 그래서 그렇게 돌아온 연어를 북한에서 잡아서, 그 알을 채취해서, 그걸 채포採捕라고 하는데, 인공부화를 하면 수천 만 마리[개체]의 새끼 연어를 방류할 수 있는 거지. 보통 3cm 되는 새끼 연어를 내보내면 평균 3년 조금 넘게 걸려서 베링해까지 갔다 오지. 40~50cm가 돼서 오니까, 어마어마한 거지. 그러니까 남쪽 지류에다 새끼 연어를 보내주자는 의견이 나왔어. 그 모임에 참여했던, 당시 DMZ를 가장 많이 취재한 강원도민일보의 함광복 기자가 그 제안을 했어.

우여곡절 끝에 첫 해에 5만 마리[개체]를 구했어. 그런데 그곳이 무진장 험하단 말야. 1996년이니까 들어가기가 참 힘들 때야. 아직도 원시림이 남아 있는 곳인데, 고성 고진동 계곡에 가면 DMZ 철조망이 나와. 그 철조망 아래 지류에 연어를 놓으면 쏜살같이 간다고.

그렇게 시작을 했는데, 자 그럼 아예 제대로 이 행사를 하자는 말이 나왔지. 그때는 남북이 서로 금강산 왕래를 할

때인데, 우리나라 동쪽 최북단 마을이 명파리거든. 밝은 명明
자, 물결 파波자. 그런데 거기 배봉천 또는 명파천이라는 개
울이 있는데, 거기로도 연어가 올라간다고 해. 그래서 거기
도 보내자 했지. 1997년에 명파천에서 큰 행사를 했어. 그때
10만 마리[개체] 이상을 방류했었지.

　　이렇게 해마다 했는데, 소문이 나니까 행사가 점점 커
져. 몇백 명씩 모이고 그러더라고. 2000년, 2002년, 2003년
얘기만 할게. 2000년 12월에 남북강원도교류협력 첫 회의가
원산에서 열렸어. 평양으로 오라는 걸 우리가 거절했어. 강
원도 사람이 뭘 평양까지 가냐 그랬지. 그래서 원산에서 그
곳 고종덕 인민위원장하고 상견례하고 의제를 나누고는 평
양에 갔지. 평양이 모든 것을 다 하니까. 그런데 고성에서 금
강산을 딱 넘어가면, 엄청나게 넓은 평야가 나와. 안변들 같
은 지역은 어느 지점에서는 끝이 안 보여. 고성들도 어마어
마하게 넓어요. 철원들 정도로 넓은데, 남고성에서 북고성으
로 넘어가면서 보면 평야가 원산까지 쭉 펼쳐져 있어요. 이
곳만 제대로 농사를 해도 굶지는 않지. 그래서 농업협력 이
야기도 나누었고, 임업협력 이야기도 해지. 과거 일제 때 금
강산 쪽 고성에서 남고성까지 동경제국대학이 3천만 평짜리
학술림을 만들어놓았었지. 그래서 강원발전연구회가 이걸
연결하려고 했어. 만일 이 3천만 평을 연결하면 북고성과 남

고성이 연결되는 거야. 그러면 그 이름이 '생명의 숲'이 된다 그 말이야. 그런 게 실제로 생명의 숲인 거야. 하여튼 그런 구체적인 얘기들을 많이 했지.

이런 이야기를 하고 평양에 갔단 말이야. 평양에서는 정식 회의지, 남북 강원도 협력 사업 회의니까. 협력분야가 임업분야, 농업분야, 수산업분야, 관광, 사회, 체육 등이었어. 수산업분야 이야기를 하는데, 당시 우리 식으로 생각하면 수산청 차장 쯤 되는 북한 실무자가, 연어를 고성 남강에서 잡았다고 그러더라고. 그래서 나도 모르게, "그거 우리가 보내준 거요." 그랬단 말이야. "무슨 말씀입니까?" 그래. 그래서 지금 이 이야기를 했지. 우리가 1996년부터 그런 일을 했다고. 북한 동포들에게 결과적으로 도움이 됐는지 모르겠는데, 그런 마음으로 했다, 그랬지. 그랬더니, 그렇게 고마워하더구만. 소문 안 내고 그냥 한 거니까. 쉬는 시간에 좀 더 자세히 얘기해 달라고 그래서, 자세히 얘기를 했어. 그랬더니 그후로는 일사천리로 회의가 진행이 되더구만. 내가 이야기를 하면, 좋다, 좋다 이런 식으로…진짜 빨리 합의가 됐어, 수산업분야는. 그래서 내가 그때 깨달은 게 있어. 성서 말씀이 맞구나. "오른손이 한 걸 왼손이 모르게 하라." 그게 맞는 얘기구나.

여담인데, 임업협력 이야기를 하는데…그쪽에 나무를

심어야 하잖아. 금강산에는 미인송이라는 소나무가 아주 잘 생기고 좋아. 그런데 한반도나 지구상에서 제일 좋은 소나무 숲은 울진 소광리 숲이지. 그게 금강송이거든. 북한 사람들은 백두산 금강송을 최고로 치는데. 나는 양쪽을 다 가봤지만, 소광리가 더 좋아. 소광리 숲 같은 숲이 우리나라에 100만 헥타아르만 있다면, 그 가치가 계산을 해보니 6조 달러더라고. 숲이라는 게 어마어마한 생명자원이야. 우리나라의 산이 640만 헥타아르 되잖아. 그 중에서 1/6만 이런 숲이 있으면 그게 6조 달러라고. 독일 같은 경우는 참나무잖아. 독일은 나폴레옹 전쟁에서 패퇴하고 나서 나무 심자고 해서 조성한 숲이 지금은 200년이 넘잖아. 예를 들어, 독일은 모든 산업활동을 중단하고, 참나무만 베서 먹고 살아도 50년을 살 수 있다고 했어. 그 정도로 숲은 부의 원천이야.

그런데 임업협력회의 때, "우리 김정일 장군께서 소나무하고 참나무 베어내고 아카시나무하고 오리나무를 많이 심고 있다"고 그래. 그래서 나도 모르게 "잠깐, 소나무 베면 안 되는데." 그랬단 말이야. "그게 무슨 말씀입니까?" 그래. 그래서 내 설명을 했다고. 소나무라는 게 무엇인가에 대해서. 원래 인간은 진화하는 동물이기 때문에 중요한 말일수록 단어가 하나다. 하늘. 땅. 그런데 하늘이 원래 솔이야. 나중에 솔이 하늘이 됐지. 하늘이 곧 솔이란 말이야. 솔에서 ㄹ이 떨어져 나가서 소나무가 됐지. 그러니까 소나무가 하늘나무란 말이야. 소나무가 제일 좋은 나무라고. 우리 생활에 제일 가깝고. 그래서 임진왜란 때도 그런 금강송으로 만든 배여서 왜선을 받아 깨버린 거거든. 하여튼 그런 설명을 했어. "민족의 천년 미래를 위해서 그런 것은 깊이 생각해야 된다"고 그랬어. 민족의 백년대계라는 말은 써도 천년대계라는 말은 안 쓰잖아. 그래 일부러 그런 말을 썼어. 이럴 땐 구라를 좀 세게 해야 해. 그래서 상당히 이야기가 됐어. 나무 얘기도 잘 됐어.

그래서 본격적으로 얘기가 잘 돼서, 그 다음 해에는 남북 합의가 됐으니 50만 마리[개체]를 방류하자고 했지. 그런데 이번엔 남강 북쪽에서 방류를 했어. 북한에서 한 거지. 그런데 그때 내가 감동을 했어. 새끼 연어들을 수조차에 싣고 가잖아. 55만 마리[개체]면, 많아. 강릉이니 속초니 이런 데 활어 식당하는 업자 분들 있잖아. 그 사람들이 수조차가 있어. 그 차들에 싣고, 그 차들을 속초항에서 배에 싣고 장전항까지 가서 내린 후에 그 차들이 같이 간단 말이야. 그런데 이 수조차 주인들이, 진짜 서민들이지, 이 분들이 이 어마어마한 사업에 자기가 운전대를 잡고 싣고 간단 말이야. 그런데 우리는 푹 잤는데, 혹시 사고가 나서 연어들이 죽을까봐 이 사람들이 2시간마다 한번씩 교대로 깨서는 그걸 봐. 그 얘기를 하더라고. 그래서 내가 "야, 이런 게 진짜 통일사업이구나" 그런 생각을 했어. 그리고 그렇게 자랑스러워들해요. 2시간마다 한번씩 깨서 보는 정성들이 있었던 거야.

그리고 2003년엔 안변 남대천에 새끼 연어 500만 마리[개체]를 부화하는 공장이 준공이 됐어. 당시는 우리가 2,000~2,500만 마리[개체]를 방류할 때야. 우리의 꿈은 뭐냐면, 남북이 힘을 합쳐서 1억 마리[개체]를 내보내자는 거야. 그렇게 되면 '북태평양소하성어족위원회'의 회원국이 돼서 우리도 발언을 할 수가 있어. 조금 방류하면 거기에 못 껴. 남북이 힘을 합쳐 이런 일을 하자, 이렇게 바다 이야기를 많이 했어. 이념 이런 건 아무 소용이 없는 거지. 동해를 생명의 바다로 하자, 그런 이야기를 했어. 그런 큰 꿈들을 서로 얘기했어. 두만강부터 섬진강까지 새끼 연어를 다 방류를 할 수 있는데, 방류할 수 있는 곳이 총 34개야. 그런데 17번째가 남강이거든. 그거 묘해. 이거 보통 인연이 아니다, 그랬지.

아무튼 남대천에 공장이 준공이 됐지. 그런데 부탁을 하더구만. 그래서 들어줬지. 새끼 연어로 키워내려면 사료가 부족하잖아. 사료 공장도 지었단 말이야…그러다 이명박 대통령 때 금강산 사고가 나서 중단된 거지. 우리의 원래 계획은 남북 강원도의 정성을 모아서 농업 시범단지를 만든다는 거였어. 그게 우리의 최종적인 목표였지. 그런 것까지 다 얘기가 됐는데 그만 흐지부지된 거지.

그런데 2002년 남쪽 얘기를 해야 돼. '연어 운동이 참 아름다운 운동이다' 이런 인식이 남쪽에서 퍼졌지. 조선왕조실록을 보면, 낙동강에는 밀양까지 연어가 올라온다는 기록이 있어. 섬진강에도 연어가 많이 올라와. 그런데 광주와 전라남도에 나하고 친한 사람들이 우리 행사에 와보고 나서는, 야 이거 섬진강에다 해서 전라도와 경상도가 같이 해보는 게 어떠냐는 이야기를 했다고. 그래서 좋은 일이다, 해보자고 이야기가 됐단 말이야. 섬진강을 따라 내려가면, 맨 밑에 장흥군이 나오잖아요. 장흥군의 섬진강 지류가 탐진강인데, 그 강 옆에 꽤 큰 평야가 있는데 그곳을 석대들이라고 그래. 석대들이 동학농민혁명 전쟁 때 마지막으로 대규모 전투를 치른 곳이거든. 거기서 패퇴를 해서 동학농민군들이 섬이나 지리산으로 숨어 들어간 거거든. 박경리 선생의 《토지》의 첫 장이, 바로 그때 지리산으로 숨어 들어간 이야기로 시작되지.

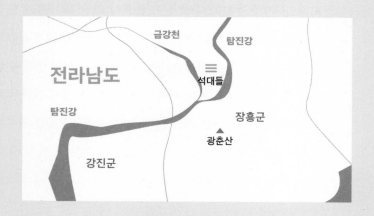

그런데 상당히 안타까운 사연이 있어. 동학농민혁명 전쟁의 마지막 대규모 전투가 있었던 터이기 때문에 김대중 정부 때 동학혁명 기념비를 큰 걸 세웠단 말이야, 거기다가. 그런데, 세우긴 세웠는데, 기념행사를 못해. 왜냐면 그 마지막 전투에서 조선말 지배세력이 민군을 조직해서 그 민군이 이긴 거 아냐, 관군하고 힘을 합쳐서. 이쪽 동학군은 보통 백성들 자식들이고, 저쪽은 지배층이란 말이야. 그런데 그 지배층은 지금도 지배층이기 때문에 국회의원, 장관 같은 인물이 거기서 많이 나왔지. 그런데 죽은 동학군들은 지금도 보통 백성들이야. 그러니까 그 동학혁명 기념행사를 이쪽 위주로 하게 되니 다른 쪽이 못하게 하는 거 아냐. 그러니까 1895년에 일어났던 전쟁인데, 2000년대 초가 됐는데도 기념행사를 못하고 있더라고. 그래서 우리가, 야 그렇다면 연어 방류가 매개가 되는 거지만, 이건 100년 만의 화해다, 그랬어. 우리가 정식으로 '100년 만의 화해'라는 말을 썼어. 100년 만의 화해가 주제고 부제가 연어 방류인 거야. 그쪽 유지들에게 공문을 보냈다고. 초청장을 보냈어, 오시라고. 그런데 공식적으로는 안 온다고 거절을 딱 하더군. 그런데 비공식적으로는 왔어. 왜 왔냐? 그 사람들도 이제는 화해하고 싶은 마음이 있는 거지, 우선은. 또 뭘 하는지 보고도 싶고. 그때 여러 명이 와서 행사를 했으니까. 해원상생解寃相生한다고 이애주 춤

꾼이 와서 춤도 추고. 그렇게 술도 한잔씩 하고, 여기저기 옹기종기 모여서 얘기들을 하더라고. "야, 이제 100년 넘었네, 이제는 진짜 화해를 하자." 자기네끼리 그런 이야기를 하더라고. 그 얘길 들으니까 내가 눈물이 나더라. 아! 연어가 우리를 화해시켜주는구나…그래서 그렇게 화해가 됐어. 화해하고 나서, 그 행사는 몇 번 더 진행되다 끝났지.

나는 지금도 이런 생각을 해. 낙동강 하구언을 헐어버리자. 그것 때문에 낙동강에 물이 너무 많이 망가졌잖아. 그리고 상주 쪽에 이명박 때 말은 '보'라고 했지만 엄청난 댐을 만든 거 아냐. 칠곡 이런 데 물이 다 망가졌어. 물이 망가진 건 그런 보들과 하구언 때문이란 말이야. 그런 게 있으면 연어 같은 녀석들이 올라가지 못하잖아. 그래서 조사를 잘 해서, 헐 건 헐고 물길을 틀 건 트고, 하구언도 꼭 다 없애지 말고 일부는 둬야 한다면 일부는 두고. 그러니까 완전 철폐냐 아니냐, 이렇게 논쟁적으로 하지 말고, 살린 건 살리고 없앨 건 없애서, 밀양까지 연어가 올라온다면 한반도 남쪽 강을 완전히 살려내는 거 아냐. 그래서 나는 연어를 지표생물로 쓰는 게 좋겠다는 생각을 해. 강이 살아 있는지 아닌지 눈으로 바로 볼 수 있잖아, 보통 사람들이. 전문가들이 정하는 지표생물은 너무 어려워. 어쨌든 남쪽부터 힘을 합쳐서 두만강부터 섬진강까지 연어를 살려내자. 그러면 1억 마리[개체], 2

억 마리[개체]가 되지. 지금 일본이 20~23억 마리[개체]를 내보내요. 미국, 캐나다 이런 국가가 대개 5억 마리[개체]를 내보내고. 그러면 우리는 남북이 힘을 합쳐서 2억 마리[개체]만 해도 되는 거야. 그리고 살아있는 강의 지표생물이 될 수 있잖아, 그런 생각이야.

그래서 연어는 우리에게 그렇게 좋은 일을 많이 해줬는데, 이런 얘기가 참고가 돼서 젊은 사람들이 숲과 바다에 대해서 좀 더 많은 관심을 가졌으면 좋겠어. 생명살림운동할 소재가 참 아름다운 게 많아.

전범선　방생을 한다는 게 어쨌든 기분 좋은 일이잖아요, 생명을 살리는 일이라는 게.

정성헌　우선 기분이 좋지.

전범선　이 경우도 음식을 두고서 남북이 이야기를 한 거잖아요. 바로 그게 생명공동체의 핵심인 것 같아요. 그러니까 한솥밥 한식구라고 말씀하셨던 것처럼 결국 먹는 문제로 얘기하면, 이념과는 아무 상관이 없잖아요.

정성헌　뭐 별로 다툴 게 없어, 먹는 얘기다 보니까.

전법선　　같이 잘 먹고 잘 살자라는 얘기니까…. 어쨌든 노장청 간에도 그렇고 남북 간에도 그렇고 호남과 영남 간에도 그렇고, 지배계급과 민초들 간에도 그렇고 해원상생을 하는 게 가장 핵심인 것 같고요. 살림이라는 말에도 그 진리가 담겨 있잖아요. 같이 먹고 사는 문제를 해결하는 한 식구라는 식으로 모이면 그게 자연스럽게 공동체가 되니까요.

이런 말씀들이 저에게도 큰 영감이 되고요…남북에 대한 얘기를 들으면, 저는 그냥 신기해요. 북한이랑 뭔가를 해볼 상상을 못하니까요.

그런데 연어 방생한 이야기도 들으니, 그럴 수도 있겠다는 생각은 하는데요, 그러기에는 저희 내부통일에 대한 갈망이 커요. 세대 간에, 성별 간에 어떻게 하면 상생할 수 있을까에 대한 고민이 큰 거죠. 그런데, 그것도 이와 비슷한 방식으로, 먹고 사는 문제를 매개로 해결해야 할 것 같습니다. 하지만 아직 뭔가 분명하게 보이지는 않거든요. 노장청이 같이 서로 화목하게 뭔가를 하는 그림들이 나왔으면 좋겠습니다.

DMZ평화풍류예술단

전범선　　인제의 풍류예술단 이야기도 해주시면 좋겠습
니다. 이 지역에서 뭔가 해야 할 때 도움이 될 거 같아요.

　　정성헌　　경제 이야기, 물질 이야기를 하려면 정신 이야
기, 문화 이야기를 꼭 같이 해야 해. 경제 사업을 하려면 문
화사업과 문화운동을 같이 해야 한다는 거지. 풍류예술단이
어떻게 시작이 된 건가 하면…유네스코 UN 대학이 지정하
는 '지속가능교육 전문센터'를 인제에서 만들자는 이야기가
있었어요. 경남 통영이 1호고 인천, 울주 등이 있는데 인제
는 5호로 생각한 거지. 그래서 거기에서 안내하는 대로 서류
를 내면, 심사를 거쳐서 '지속가능교육 전문센터'로 지정해주
거든. 당시 인제 군수였던 이순선 군수에게 이 얘기를 했더
니, 좋아하면서 실질적인 일을 맡아달라고 해서…. 위원장은
군수가 했고 내가 부위원장을 했는데, 하여튼 우리가 지정을
받았어. 그래서 평화생명동산에서 사무실 같이 쓰면서 직원
들도 채용했는데…

　　지성철이라는 친구가 있어. 그런데 그 친구가 고구려

소리를 한단 말이야, 어느 스님한테 배워서. 고구려 무예도 하고 음악도 같이 하는데, 성철이 보고 문화부장을 네가 맡아서 해라, 그랬어. 이 친구가 부지런하거든.

그래서 이 친구가 서화중학교, 서화초등학교에서 시작해서 군인도 가르치고 마을 주민도 가르치고, 이렇게 몇 년을 하니 군인들도 몇십 명 생기고, 초중 아이들도 몇십 명 생기고, 마을 주민도 몇십 명 생기고 그랬지. 그래서 아예 DMZ 평화풍류예술단을 구성해보자 그랬지. 그때가 언젠가 하면, 평창 동계올림픽(2008년) 시작되기 약 4년 전이거든. 이 예술단이 구성이 되어서 서울시청광장에서 6월 항쟁 기념식 공연에도 출연했었지. 그때 1시간 공연을 했거든. 서울시청 광장에서 공연했다는 건, 이 사람들에게는 아주 자랑스러운 일이지. 산골 사람들이 서울시청 광장에서 했단 말이야. 자랑스럽지. 자부심도 생기고. 인제군 주요 행사에도 계속 나가 공연을 했어. 성남시청 공연도 두 번인가 가서 공연료도 받아오고 그랬어. 이 예술단의 위상이 상당히 높아졌어.

그래서 내가 물어봤어. 그 지역 마을 여성들이 많이 참여했거든. "예술단 한 후로, 마을에 어떤 변화가 있어요?" 그랬더니 "마을이 많이 화목해졌어요." 그래. "어떻게 화목해졌어요?" 그러니까, 구체적으로 이야기를 해. 악기 연습을 한 후에 악기가 무거운데 차 같은 데 올릴 때 실어야 하잖아. 남자들이 "아이 무거우신데" 하면서 옮겨준다는 거지. 그렇게 서로 고마워하고 그래. 마을 화목에 이게 상당히 도움이 된다는 거고. 아이들하고도 얘기가 된다 이거야. 예술단 하면서 아이들하고 소통을 안 할 수가 없잖아. 초등학교 아이들, 중학교 아이들하고 어른하고, 아주머니하고 할아버지하고 다 소통이 될 수밖에 없지. 이거 엄청나게 중요한 거다.

기회도 많아지고, 서로 화목하게 되고, 서로 소통도 되고, 서로 격려가 되고. 인제군의 인구가 3만 2천 정도 되는데, 한 120~140명 정도가 예술단 회원이니까, 이 정도 규모는 상당한 거야.

전범선　저는 '신명살림운동'이라고 말해요. 생명살림을 위해 신명살림을 한다….

정성헌　그래…. 하나 더 이야기할 게 있는데, 이것도 감동적이야. DMZ평화생명동산이 해마다 '천제天祭'를 지내. 천제는 알지? 하늘에 대한 제사. 동이족東夷族은 천제를 지냈어. 그런데 과거에 중국의 경우, 천제의 제관은 황제만 하지 누구도 못해. 그런데 우리의 천제는 달라서, 누구나 제관이 될 수 있어. 그렇게 우리는 평등했지. 젯상을 가운데다 놓고 빙 둘러서 하기 때문에 누구나 평등해. 우리가 하는 천제에 올해 한번 와보라고. 소박한 거지만, 평등하게 누구나 제관이야.

DMZ평화풍류예술단이 와서 천제에서 공연을 했거든. 우리 천제에는 광주 전남에서 '무등산 공부방'이라는 인문학 공부하는 사람들이 꼭 와. 약 30명인데…그 해엔 약 20명이 왔었어. 이 분들이 공연진이 다 간 다음 뒤풀이를 하는데, 나보고 이런 이야기를 해. 너무 감동을 받고 깜짝 놀랬다는 거지. "왜 그랬냐?" 그랬더니 "군인이 이런 평화와 통일과 생명을 이야기하는 천제에 있다는 것 자체가 감동적"이라더군. 광주 사람들은 군인이라 하면, 우선 학살을 생각한단 말이야. 그런데 군인들이 평화 행사에 왔단 말이야. 이 사실에 이 사람들이 감동을 했더라고. 군인들은 전부 생명의 군대가 될 수 있고, 평화의 군대가 될 수 있어. 전 세계적으로 군대를 다 폐지할 수도 있지만. 하여튼 광주 사람들이 군인들이 공연에 온 거에 감동한 거에 내가 감동을 했다고. 그런 게 문화의 힘이야, 내가 보기에는.

전범선   이번에 저희가 만든 회사 이름이 '풍류회'잖아요. 양반들의 소속사라고 할 수 있는 기획사가 풍류회인데요. 음악을 하는 이유가 결국 조화를 위해서 하는 거니까…

우리의 조화도 중요하지만 자연과의 조화를 위해서도 저는 음악의 힘이 강하다고 생각해요. 밥상 얘기를 했을 때 사람들이 화해하고 모이는 힘이 있는 것 같고, 그 다음에 풍류와 음악에 힘이 있고요. 결국 음식과 음악이 공동체를 살리는 핵심인 것 같아요, 사람들을 모이게 하는 힘은 거기에 있는 것 같아요.

우리밀살리기 운동

전범선　　　선생님이 하신 우리밀살리기 운동은 상당히
성공적인 운동이었죠? 처음에 어떻게 시작된 건지 궁금합
니다.

　　정성헌　　　모든 운동에는 기간조직, 뿌리가 있어야 한다고
했는데, 우리밀살리기 운동에서 그런 역할을 해준 게 가톨릭
농민회와 천주교야. 중심이 있으면 운동이 될 수 있지. 운동
은 안을 튼튼히 하고, 밖으로 나가야 해. 불특정 다수를 대상
으로 하는 건 운동이라기보다는 선전선동이라고. 그리고 모
든 건 때가 딱 맞아야 해. 우리는 밀농사, 보리농사를 많이 짓
던 나라인데, 1980년대 초에 와서 전두환 정부가 밀, 보리 정
부 수매를 중단하면서 농사를 안 짓게 됐어. 미국 밀이 워낙
싸니까 빠른 속도로 없어졌어. 가농에서 1980년대 말부터 준
비하다가 1991년부터 본격적으로 이 운동을 시작하기로 하
고, 실무 총책임자로 나를 우리밀살리기 운동본부에 파견한
거지. 가농이 중심이되 중심이 아닌 형태로 1991년 5월부터
일이 시작됐지.

국민 모금으로 시작해야 하는데…. 우리밀살리기 운동을 하려고 5월에 서울에 와서 김승오 신부님 친구가 경영하는 무역회사에다 책상 2개를 놓고 집사람한테 200만 원을 얻어 일을 시작했어. 5월에 발기인 모집하고 11월 창립총회를 했는데, 6개월 만에 1954명이 참여해서 2억 5,400만 원이 모였다고. 그때 아, 일이 되겠다는 확신을 가졌어.

돈을 낸 사람 중에 세종고 양호교사 최경숙 선생도 기억나네. 본인과 아들, 남편 이름으로 30만 원이나 보낸 거야. 그래서 내가 전화를 해봤지, 어떻게 이렇게 많은 돈을 내셨냐고. 그랬더니, 자기 고향인 경북 성주에는 어렸을 때 푸른 밀밭이 많았는데 그걸 못 본 지 오래돼서 자기 아들한테 밀밭을 보여주고 싶어 돈을 냈다는 거야. 너무 감동적인 이야기였고, 그분이 창립 총회에서 같은 내용으로 축사를 했지. 그런 별별 사람이 모이면, 일이 되는 거야. 또 기억나는 사람은 창립 이후 대중회원 모집할 때인데, 대전의 택시기사와 수원의 미용실 원장이야. 둘 다 몇백 명을 가입시켰길래 연락해서 물어봤지. 택시기사는 우리밀을 살리는 일이 너무 좋아서 택시 앞자리에 가입원서를 놓고 손님이 타면 설명한대. 그러면 10명 가운데 5명이 그 자리에서 가입원서를 쓴다고 하더라고. 그 사람이 나중에 우리밀 칼국수 식당을 차려서 몇 번 가서 먹어보기도 했지. 수원의 미용실 원장은 미국 밀

많이 먹으면 아이들이 망가지고 암 걸린다는 걸 알고는 손님들 머리를 해주면서 그 이야기를 했대. 그러면 10명 중 2명, 3명은 가입원서를 낸다는 거야. 나도 회원가입을 많이 시켰는데 그 중에는 그 두 해 전 국가보안법으로 구속됐을 때 나를 기소한 이상형 검사도 있어. 조사받았어도 나쁜 사이는 안된 거지. 이 검사한테 전화해서 "사람만 때려잡지 말고 살리는 것도 하슈." 그랬더니 자기 포함해서 9명이 90만 원을 보낸 거야.

운동할 때는 종교에도 문을 열어야 돼. 좋은 설교만 하는 게 아니라 좋은 일 하도록 기회를 만들어주는 거라고. 천주교에서 가장 호응이 컸지만, 기독교, 불교도 좋게 받아들이기는 마찬가지였어. 협동조합들도 많이 참여했지. 분류를 해보고 인맥 지도를 살피면서 심지어 나를 잡아갔던 사람한테까지 정성껏 설명해야, 일이 되는 거지. 나를 반대하는 사람까지도 이해하면, 참여는 안 하더라도 최소한 방해는 안 하니까.

그렇게 마련한 돈으로 첫해에 가농 회원들 통해 25만 평에 우리밀을 심었어. 만 4년이 지나니까 천만 평을 넘어서더군. 거기에다 생산량도 너무 빨리 늘어났어. 밀은 단보당 (300평, 10a) 수확량이 평균 340~350kg 정도인데 1995년부터 다수확이 되기 시작했지. 전북 고창에서는 880kg, 부안에서는 770kg, 충남 아산에서도 660kg까지 나오고. 평균이 480kg이나 됐어. 스스로 열심히 일하면 수확량이 팍팍 느는 걸 몸으로 확인했지.

이렇게 생산량이 늘어나니까 사들일 돈이 모자라. 내가 진짜 머리털 나고 처음으로 목돈을 꿔보기 시작하는데 몇 십 억씩, 많을 때는 내 이름으로 98억 원까지 대출 받았다니까. 운동은 어디로 가고, 돈 꾸고 원금이자 갚는 게 내 주된 일이 됐어. 처음 대의명분에 맞게 운동할 때는 '운동이 9, 시장이 1'로 시작하지만, 나중에는 결국 '시장이 9, 운동이 1'이 됐지. 이상적인 건 5 대 5 균형이 맞춰지는 건데, 시장이 압도한 거지. 돈 꾸러 다니다 보니까 금융자본이 압도하는 걸 알았어. 그러면서 신용협동조합, 방글라데시의 그라민 은행 Grameen Bank처럼 작은 단위가 큰 금융자본에 좌우되지 않고 금융 자율성을 확보하는 것이 운동의 자주성을 물질적으로 담보한다는 걸 알게 됐지.

아름다운 이야기도 많아. 자금 부족으로 수매가 힘들다고 생산자 대표들에게 솔직히 보고했더니 나를 믿고 수매 대금을 스스로 7% 낮춰서 정부도 깜짝 놀랐지. 생산자 스스로 자기 돈을 깎은 게 처음이라는구만. 그렇지만 아무리 감동적 사례가 있어도 금융을 살리지 못하면 한계가 있어.

전범선　　우리밀을 심고서 사업화까지 한 건가요?

정성헌　　그럼. 공장 지어서 밀가루 생산하고 국수와 건빵도 만들었지. 건빵 이름이 '우리밀 2.5 건빵'이었어. 우리밀 1평을 심으면 산소가 2.5kg 나오기 때문이지. 나중에는 라면까지 만들었어. 당뇨병 환자들이 전화해서 "의사들이 라면 먹으면 안 되지만, 우리밀 라면은 먹어도 된다는데 왜 생산 안 하냐"고 하니까. 우리가 직접 하기는 어려워서 농심, 삼양, 오뚜기 여러 군데 타진하다가 삼양에서 위탁생산을 해줬어.

　　이런 일도 있었어. 김영삼 대통령이 1992년에 당선됐고 하나회 척결, 금융실명제 실시 등으로 초반에는 인기가 하늘을 찌를 듯했거든. 그런데 그분이 설렁탕, 칼국수 같은 서민 음식을 즐겨 먹는다는 것도 인기의 한 요소였다고. 1993년인가, 청와대에서 전화가 왔어. 칼국수를 만들 국산 밀가루를 구하는데, 그 당시만 해도 생산량이 부족해서 일반 판매는 안 하고 회원에게만 주던 시절이니까, 어떻게 구할 수 없냐고. 대통령이 회원가입하고 출자하면 살 수 있다 했더니, 대통령은 특정 단체에 가입하면 안 된대. 그러면 청와대 직원들이 하면 되지 않냐, 했더니, 40명이 가입하고 우리 밀가루를 사갔어. 그때 30만원 어치를 사갔는데 그게 와전돼서 30억 특혜를 받았다는 소문도 돌았지.

　나중에 내가 우루과이라운드 대응 농어촌특별위원회 위원을 할 때인데, 이게 대통령 직속기구야, 당시 개혁이 퇴조하면서 민심이 내려갈 때였어. 김영삼 대통령이 "우리밀 잘 됩니까?" 이렇게 물어보는데, 그건 '도와줄 게 있느냐'는 뜻이야. 그런데 내가 우리 일은 알아서 할 테니 대통령께서는 나라가 잘 되도록 개혁에 박차를 가해달라는 식으로 얘기하고 말았지. 우리밀 수매 때문에 돈을 빌리러 다니던 때였는데…이자율이 12.7%야. 거기다가 연체 붙으면 19%로 바로 올라가. 농민용 특별자금의 이자율은 5%였지. 그것만 쓰면 살림이 확 피는데, 눈 찔끔 감고 얘기하면 되는데, 망설이다가 결국 하지 않았어. 그때 심정을 이렇게 이해해주면 좋겠어. 대중과 함께하는 사업형 운동을 우리 힘으로 성공시켜 보고 싶었어. 시장까지도 이겨내려고 했지. 그런데 그게 상당히 무리였어…. 1997년부터 외환위기에 빠지면서 우리나라가 IMF 직속 관리체제로 들어가니까 두 달간 우리밀 매출이 70%가 줄더라고. 보통 사람들은 경제가 어려워지면 먹는 걸 줄여. 그 다음에는 아이들 학원을 안 보내고, 그 다음에는 아파도 병원에 안 가고 몸으로 때우지. 지부가 어려워지면서 본부로 수금이 안 되니 이자는 계속 불어나고, 김대중 정부로 바뀌면서 내가 책임을 지고 사퇴했어. 생산은 계속하는데 수매가 안 되니 김승오 신부와 김수환 추기경이 나서서 농림수산부 장관을 설득해서 농협중앙회가 수매하는 걸로 결정했지. 그때 내가 떠나면서 운동본부 대의원들에게 "우리는 광장에서는 성공했고 시장에서는 고전했다."고 했어. 그 후 복귀 요청이 세 번 있었지만, 모두 거절했지. 한번 떠난 사람이 다시 돌아오면, 조직 내부에서 분파 갈등이 생기기 마련이거든.

전범선　　생명살림운동할 때도 양삼을 키운 후 시장까지 진출해야 좋은 거죠? 양삼을 활용하기에는 아직 인프라가 부족하잖아요? 산업적인 고민을 해봐야겠네요. 저는 경제적 자립을 위해 두 가지를 생각하는데요. 일차적으로 양삼을 심어 소밥으로 쓰고 플라스틱 대용품으로 활용하는 것도 생각하고 있고요. 다른 하나는 '우리개 살리기' 운동이에요. 당연히 우리개를 먹자는 운동은 아니고요.

정성헌　　양삼은 소먹이로 쓰는 게 가장 빠르고, 제재소랑 이야기해서 톱밥 만들면 농업용으로 나갈 수도 있겠지. 지금은 톱밥을 중국에서 많이 수입하는데 양삼 톱밥은 다른 것들보다 수분을 많이 흡수해서 효과가 좋거든. 고급 종이도 만들 수 있는데, 규모의 경제가 돼야 가능하지. 에너지 전환 쪽으로 활용하는 것은 어떨까? 지금 가동되는 석탄화력발전소에서 미세먼지나 이산화탄소 때문에 15% 정도의 식물 연료를 쓰게 돼 있어. 지금은 동남아에서 수입해서 넣고 있고…. 사실 시장, 군수하고 잘 이야기해서 플라스틱 대용품 공장을 만들면 되는데, 경기 여주 같은 곳은 시장하고 함께 추진하려다 선거에서 떨어지는 바람에 무산됐지. 춘천시에도 강원대와 연결해 제지공장 만드는 방안을 이야기했었고. 우선 신월리에서 농사 지으면서 톱밥으로 만들어 비닐 대신 덮어주면 유기농으로 빨리 전환할 수 있지. 그러려면 제재소랑 먼저 친해져야겠지.

새마을운동

전범선　　새마을운동 이야기가 많이 나오기는 했는데요, 제 입장에서는 이게 참 아쉬워요. 선생님이 새마을운동중 앙회장으로 계실 때 생명살림운동을 전개하시다가 3년 만에 중단된 거잖아요. 그래도 선생님이 보시기에 이 운동이 남긴 성과나 가능성이 있다면 어떤 것인지 궁금하네요.

정성헌　　새마을은 단일조직이거든. 회원이 207만 명, 지도자가 17만 명에 이르는 상당히 큰 조직이고, 광역 자치단 체부터 시군구 읍면동까지 엄청나게 촘촘한 조직이지.

　　2018년 8월에 당시 김부겸 행정안전부 장관이 만나자 고 하기에 갔더니 새마을운동중앙회장을 제안하더군. 처음 에는 거절했는데, 그동안 중앙회장 가운데 대중운동을 해보 거나 농민대중을 이해하는 사람이 없었다, 그런 경험을 살려 새마을이 좋은 운동이 될 수 있게 해달라고 진심으로 이야기 를 하더라고. 같이 운동해온 동료들도 정치하던 사람이 적 당히 하면 너무 아까운 거 아니냐면서 나더러 맡으라고 많이 권유하고. 팔자소관이니 해보자고 결심해서…하게 된 거지.

2018년 3월에 취임하고 나서 110일간 3천 명 정도를 여러 자리에서 만나서 새마을운동의 방향을 바꾸는 것에 대해 이야기를 나눴어. 평균 30~50명씩 50~60회는 이야기했을 거야. 6월에 이사회를 하면서 운동 목표를 '생명, 평화, 공경'으로 바꾸는 안을 올렸는데, 내가 추천한 이사들뿐만 아니라 기존 이사들이 내 말에 많이들 찬성했지. 그 사이에 서로 대화한 게 있으니까. 가장 많이 이야기한 게 뭐냐면, "지금 우리사회나 조직은 개혁이 아니라 치유를 해야 한다. 나도 병에 걸렸다. 민주화운동했던 사람도 중병이다. 산업화 세력도 마찬가지다." 내가 먼저 병에 걸렸다고 고백하고, 핵심 간부들에게 새마을은 무슨 병에 걸렸냐고 물었더니, 처음에는 말이 안 나오는데 두세 번 하면 말이 나와. "새마을의 가장 큰 병은 지방자치단체에 의존하는 겁니다." 그래. "알았으니 고치면 될 거 아니냐, 어떻게 고칠래?" 뻔한 거잖아. 첫째, 병을 고치려면 병이 든 걸 인정해야 돼. 나는 올바르고 너는 나쁘다고 하면 개혁이 안 돼. 힘 있을 때는 듣는 척하지만 마음 속으로는 "야, 이 자식아. 내가 왜 네 말을 들어." 그러거든. 개혁하려면 먼저 마음을 바꾸면 돼. 부자 때려잡으면 될 것 같지? 안 돼. 부자는 힘이 세고 더 오래 살아. 자기도 병 걸린 걸 인정하고 고백해야 한다고. 둘째, 내가 병 걸렸다는 걸 널리 알려야 돼. 소문이 나야 좋은 약재나 의사를 추천받는 거야. 그래야 후퇴를 못 해. 본심은 그게 아니었다며 빠지지 못한다고. 셋째, 가족의 따뜻한 관심과 배려, 이웃의 도움, 그런 게 힘이 나지. 마지막으로는 제일 중요한 건, 병을 고치겠다는 의지가 필요해. 즉, 병을 인정하고 반드시 고치겠다고 결심하면 나머지는 저절로 돼. 새마을도 그런 쪽으로 바뀌게 된 거지.

한가지 사례를 얘기해볼게. 새마을운동중앙회 식당에서 간부들과 식사를 하는데, 어떤 사람이 식당 가는 쪽 그림을 바꾸는 게 어떻겠냐고 그래. 1970년대 볏가마 들고 공장에서 일하는 그림, '우리의 피와 땀을 조국과 마을에' 같은 구호가 있어. 여섯 달이 지나도 내가 안 바꾸니까, 왜 안 바꾸냐고 물어봐. "왜 내가 바꿔. 문제의식을 느꼈으면 자네들이 바꿔야지." 하니 자기들이 바꿨다고. 내가 바꾸면 내가 나간 다음에 다시 붙이면 그만이야. 운동가가 계속 설치면 그건 운동이 아니라 노동인데…운동가 중에서 노동하는 사람이 많아. 남이 피켓을 들도록 하는 게 운동이라고. 분신이 많아야 한다니까.

어쨌든 그런 과정을 밟아서 회원 70%가 흔쾌히 합의해서 새마을운동의 목표를 '생명, 평화, 공경'으로 바꾸게 되었지. 그런데 현장에서 어떻게 이게 실행되는지는 모르잖아. 5개월 후에 전 직원들에게 얘기를 했어. 읍면동 현장까지 가서 생명, 평화, 공경을 얼마나 이해하고 받아들이는지, 실제로 어떻게 하는지, 중앙회가 고쳐야 할 것은 무엇인지 알아오라. 그래서 950곳에 나갔다고. 나중에 취합해보니 80%가 운동이 바뀐 것에 만족하고 나름대로 한두 개씩 실천하는 게 확인됐어. 중앙회 직원들이 읍면동까지 간 것은 새마을운동 역사상 처음 있는 일이야. "현장 가서 느낀 게 많습니다." 그래. 현장에 답이 있다고.

새마을운동중앙회 시절의 정성헌 이사장. 아사달 나눔 과수원에서.

전범선　　처음부터 생명살림운동으로의 전환을 시도하신 거예요?

정성헌　　복안은 있었지. 그런데 이야기의 핵심은 한 차원 높은 목표로 해야 운동은 풀린다는 거야. 1980년대 말, 1990년대 초부터 우리는 "환경운동으로는 환경을 못 고친다, 생명운동을 해야 환경을 살린다"고 이야기했었지. 지금 가장 근본적이고 절실한 건 기후위기를 극복하는 건데 환경운동으로는 안 되니까 생명운동으로 해야 하고, 운동은 움직이는 것이기 때문에 '생명운동' 하면, 말은 그럴 듯 하지만 동적인 게 없으니까 '생명살림운동'으로 하자고 하면 쉽고 동의가 빠르지. 인간은 그런 존재라서 높은 이상을 가져야 비로소 조금이라도 이루는 거야. 인권을 존중하려면 공경해야 인권 존중이 되는 거지, 인권만 주장하면 그 아래 단계에서 고소하고 싸우다 마는 거지.

전범선　　대전환을 이루기 위해 3, 1, 3, 3, 총 10년 계획을 말씀하시잖아요. 새마을운동회라는 거대한 조직이 새로운 시대정신에 부합해서 탈바꿈하는 과정을 3년간 경험해 보셨는데, 어떤 체질 개선이랄까, 변화가 이뤄질 거란 확신이 생기셨는지 궁금합니다.

정성헌　　　조직의 핵심적인 사람들이 사명감과 자부심이 생기면 그 조직은 바뀌는 거야. 취임해서 110일간 준비한 결과 생명, 평화, 공경이라는 방향으로 운동이 바뀌었잖아. 그래도 함께하는 사람들에게 자꾸 물어봐야 해. 나는 여섯 살짜리 손자에게도 계속 물어봐. 내가 그 아이의 마음을 모르니까. 새마을 간부들에게 생명살림운동 2년차 때 물어봤어. 그랬더니 조직국장이 "60은 바뀌었습니다." 그래. 그러면서 이런저런 근거를 대더라고. 다른 사람에게 또 물었더니 20이라고 해서 왜 그러냐고 했더니, 구체적 예를 드는 거야. 면 단위에서 깨끗한 마을을 만들기 위해 청소를 하고 동원령을 내려서 80명 모였는데 실제로 오후까지 참여한 사람은 20명 밖에 안 된다는 거야. 눈도장만 찍고 간 사람 많으면, 그건 운동이 아니라 일회용 행사지. "3년간 열심히 하면 얼마까지 변할 수 있다고 보냐?"고 물었더니 40~50까지는 변할 거라고 그래. 내 경험치로는 한 집단이 되돌아가지 않고 변하려면 70은 바뀌어야 할 것 같아. 아마 그 다음 3년을 더 했으면, 80 이상 바뀌었을 거야. 가속도라는 게 있으니까. 그렇지만 내가 재선에 못 나가게 되었지…

전범선　　　새마을의 경험을 바탕으로 저희 청년들과 함께 국민운동으로 생명살림운동을 다시 시작하셔야죠. 함께해야 할 이들이 달라지면 새롭게 보이시는 게 있으시겠죠?

정성헌　　　운동은 자기가 처한 여건을 잘 보고 하는 거잖아. 감옥에 가면 감옥에서 할 수 있는 운동이 있는 거야. 다시 평화생명동산으로 돌아왔으니까 내가 할 수 있는 일을 해야지. 12사단 사령부와 병사들을 대상으로 생명살림교육도 많이 하고. 사람들이 들으면 놀래. 군인들도 교육하냐고? 군인들도 하게 하는 게 운동이지, 별거 있나? 여건이 바뀌면 바뀐 대로, 많이는 못해도 조금은 할 수 있는 거지. 늘 뭐든지 할 수 있어.

여섯째 마당

미래 만들기

기후위기 대응
범국민운동의 큰 그림

전범선　　기후위기 관련해서 10년 계획을 생각해보신 적
이 있으신지요?

　　정성헌　　자, 연도를 한번 생각해보자고. 2050년이라 하
면, 탄소중립이 안 되면 인류가 겪을 수 밖에 없는 엄청난 파
국의 시점일 건데, 그건 인류가 꼭 한번 생각해야 할 연도고.
그 다음에, 사람은 어떤 구체적인 장소에서 살기 때문에 우
리로서는 운동할 때 2045년, 즉 해방·분단 100년을 상정해
놓는 게 좋을 거 같아. 이 해는 인공지능이 인간 지능의 총량
을 넘어설 수 있다는 특이점에서도 생각해볼 수 있겠지. 그
리고 인류가 제대로 노력을 안 하면 그때 전후해서 기후가
완전히 궤도 이탈을 해서 그때는 인류가 아무리 해도 안 될
거라는 말이고….

　　또 2030년까지 인류 전체가 탄소배출량을 45%를 줄
여야 한다, 나는 사실 70%라고 하는데, 45%를 줄여야 한다
고 하잖아. 동시에 사회구조가 생명사회로 본격화되는 게

2030년이라는 전망도 있지만, 나는 사회구조만이 아니라 문명 자체를 생명의 문명으로 전환해야 한다고 봐. 그 기점을 2030년으로 잡고 시간표를 큼직하게 잡아놓아야겠지. 그러면 앞으로 10년이 인류나 우리나라의 운명을 좌우하는 시점이 될 거야. 그 10년을 잘 써야 되겠다…그렇다면, 잘 쓴다는 건 뭐냐면 제일 중요한 게, 조건은 비관적이지만 사람을 믿고 낙관적인 실천자세와 안목을 갖는 거야. 조건은 무척 나쁘지.

2030년을 생각해보면, 아마도 그때는 생활권 중심의 소도시 중심으로, 약 20분 정도 걷는 거리에 많은 것들이 배치되도록 도시를 재편성하지 않으면 안 될 거야. 그런 생명의 작은 도시들을 지역에, 전국에 대단히 많이 만들어야 할 거고, 10년 안에. 그렇다면 읍의 경우엔, 한국형 소도시를 만들려면 1만 명에서 3만 명이 맞는 것 같아. 홍천읍이 5만 명이거든, 조금 많아. 하여튼 1만 명에서 3만 명. 그 다음 면 소재지가 5천에서 7천 정도. 그러면, 집중과 분산이 돼요. 이런 수준에서 새로운 생명의 문명 소도시들을 많이 조성해야 할 거고, 그걸 우리가 10년 안에 해야 한다는 생각을 했어.

10년을 생각할 때 제일 중요한 건 자세인데, 조건은 매우 불리해도 낙관적인 자세로 임해야겠지. 우리의 노력에 따라서 상황을 좋게 바꿀 수가 있으니까, 자신감과 희망을

가지고 일을 해야지. 비관적인 사람은 화내는 거, 남 욕하는
건 잘 하는데 뭔가 창조하는 건 못해.

"신에게는 아직도 열두 척의 배가 있습니다.", "상유십
이尚有十二(아직도 열두 척이 있습니다)"라는 이순신 장군의 말
은 매우 비장하지만, 할 수 있다는 마음을, 그런 대단한 마음
을 표현한 거란 말이야. 그래서 나는 "상유십년尚有十年", 즉
"우리에게는 아직도 10년의 시간이 있습니다." 이런, 뭐랄까,
단단한 마음을 널리 대중에게 알리고 공유하는 게 필요하다.
물론 그걸 하기 위해서는 매우 구체적인 실천과 좋은 안이
제시돼야 하겠지.

그렇다면, 이미 해답은 나와 있는데…그건 이미 전 세
계적으로도 한국에서도 나와 있어요. '대전환만이 유일한 길
이다.' 이렇게 나와 있단 말이야. 지금 이 위기가 기후위기 하
나만 끄집어내서 해결하면 되는 게 아니고, 여러 요소들이
중첩되어 있어요. 그래서 대전환인데.

대전환은, 유럽 식으로 에너지 대전환, 식품 대전환 같
은 것만 해도 80% 이상은 해결하겠지만, 그것도 중요하지만
가장 중요한 건, 사람은 생각하는 존재이니까, 생각을 바꾸
는 거지. 생각을 바꾸는 대전환이 가장 중요하다. 즉, 세계관
을 바꿔야 된다. 지금도 대전환 얘기를 하는 정부의 발표나
여러 가지 과학자들이 하는 얘기를 들어보면, 대전환적 사고

가 아니고, 상당히 과학기술주의적 사고, 시장주의적 사고란 말이야. 대부분 사고가 그렇다고. 그러니까 생각을 바꾼다는 게 제일 기본이라고…생명의 세계관으로 바꾸자는 거야. 단순명쾌한 거지. 모든 생명은 연결돼 있고 모든 생명은 일회성 존재이기 때문에, 그런 점에서 모든 생명은 평등하고 존귀한 것이다. 그런 단순한, 생명의 세계관. 과거에는 이런 세계관을 많이 안 받아들였는데, 지금은 많이 받아들이는 것을 현장에서 많이 느꼈어. 생명의 세계관이란 게 결코 어렵지 않다.

더군다나 다른 생명이 있으니까 내 생명이 있는 것처럼, 풀의 생명이 있어서 내 생명이 있는 것처럼, 생명은 비생명이나 무생명이 있기 때문에 있는 것이다. 이걸 가장 탁월하게 말씀하신 분이 내가 보기에는 최시형 선사인데…'천지부모'라 이거지.

그런데 생명의 세계관을 확립하려면 종교에서 자기 종교관을 새롭게 생명의 세계관으로, 생명의 신학으로 재정립하고 그래서 신앙생활을 바꾸는 게 엄청나게 중요한 것 같아. 이렇게 되면 교육까지 바뀔 테고.

생각을 대전환하면, 당연히 생활이 바뀌는 건데. 생명은 일회성 존재고 생명은 서로 의존해 있다. 그러니까 쉬운 말로, 무진장한 것, 영원한 것은 없고 공짜도 없다 이거지. 그렇다면 무진장한 게 없다는 건 뭐냐? 생활자재를 아껴 써야 한다는 얘기가 자동적으로 되고. 그래서 생활을 바꾼다는 건 물질세계나 인간세계를 잘 들여다 본다는 거야.

그리고 지금 우리를 지배하고 있는 소유의 가치관을 행복의 가치관으로 바꾸는 거야. 그럼 행복이 뭐냐, 어떤 게 행복인가를 생각하고 그걸 생활에서 구현해서 자기가 행복을 느끼는 게 가장 좋겠다. 그게 바로 모심과 살림이라고. 밥을 잘 모신다는 것. 밥만 잘 모시더라도, 밥만 잘 바꾸더라도, 예를 들어 세계 인류가 육식만 포기하기만 해도 반 이상은 해결되는 거 아니에요.

생활을 바꾼다는 건 이렇게 어마어마한 힘을 가지고 있는데, 생활실천운동을 너무들 쉽게 생각해. 야, 사회구조가 완강하게 버티고 있는데, 그게 되겠냐, 그래. 내가 보기에는 천만의 말씀이야. 생활을 바꿔야 사회구조, 산업구조를 바꾸는 데 결정적인 힘이 되고, 그걸 할 자신감을 가질 수 있어. 그리고 생활을 바꾸면, 기업은 이윤을 추구하는 조직이기 때문에 이윤 추구방식을 바꾼단 말이야.

그러니까 생각을 진짜 바꿔야 하는 게, 우리 스스로 바꿔서 세상을 바꿔야 한단 말이에요. 그 반대가 아니라. 자기변화를 통해서 사회변화를 이루어야 한다는 거야. 이게 꼭 순서인 건 아니지만, 생각을 바꾸고, 생활을 바꾸는 각자의 힘과 대중적인 힘으로 사회구조와 산업구조를 바꾸고, 그 다음에 문명의 뿌리 자체를 바꿔야 한다. 이걸 난 대전환이라고 봐.

그래서 이 운동은, 개인을 운동의 주체로 봐, 나는. 계급이 아니라. 깨달은 개인이 운동의 주체다. 깨달은 개인을 우리는 많이 만날 수 있고 많이 조직할 수 있다. 이 운동, 가칭 '생명살림 국민운동' 또는 '생명살림 노장청기후연대' 운동은 조직 대상이 무궁무진해요. 한반도 남쪽만 해도 5천 만명이 있고. 그런 꿈을 가지라는 거지.

이런 세계관으로 조직 사업을 하고 운동을 실천하려하면, 처음에는 속도가 덜 날지 모르지만, 그리고 당신 너무 과신한다고 할 수도 있겠지만, 나는 상당이 잘 되리라고 봐. 나는 이와 같은 운동이 성공 궤도에 오르는 걸 상당히 많이 겪어봤다고. 그래서 난 자신감을 가지고 할 수 있다고 보고, 구체적인 계획도 세울 수 있지.

그래서 10개년 계획을 세워볼 수 있어. 3 1 3 3. 3개년 계획을 세워서 우선 시작하면, 처음엔 시행착오도 있을 텐데, 아마 보기에는 상당한 성과가 첫 3년에 나타날 거야. 그런데 3년 한 후에는 1년간 조정기를 가져서 우리가 뭘 잘못했고, 어떻게 하면 더 잘할까를 생각해야 해. 그런 조정기를 통해 새롭게 자신감을 더 높이고 보완해서, 그 다음 3년 계획을 또 세워서 실행하면 그때 훨씬 더 자신감 있게 갈 수 있어. 그러면 가속도가 붙어서 마무리 3년. 이렇게 3 1 3 3으로 10년을 가면, 세상이 상당히 바뀌어 있을 거라고 보거든. 그때쯤이면 나는 세상에 있을지 없을지는 잘 모르겠어요. (웃음)

전범선 생각을 바꾸고, 생활을 바꾸고, 세상을 바꾸고, 문명을 바꾼다. 이게 단계별이 아니라 동시다발적인 운동이어야 한다는 말씀이신 거죠?

정성헌 그렇게 되겠지. 예를 들어볼게. 우리가 석탄화력발전을 빨리 줄이거나 없애야 되잖아. 그렇다면 구체적으로 우선은 전기사용 줄이기를 완전히 생활습관으로 해야 해. 국민들이 각자 줄일 수 있는 게 있어, 내가 보기에는, 20% 줄이는 건 쉽고, 30% 줄이는 건 조금 독하게 노력하면 줄인다고. 그런 활동도 하면서 동시에 양삼심기 같은 것을 해야 좋아. 화력발전소가 있는 지역에서 양삼심기를 해야 한다고. 그 지역들에서 양삼심기 효과를 설명하는 보고회를 가져야 좋을 거고. 요새 모든 화력발전소는 식물연료를 섞어 쓰도록 규정이 돼 있잖아. 석탄량을 줄이느라고. 여기에 들어가는 우드칩을 우리가 많이 수입했었는데, 뉴질랜드 우드칩 1kg 열량이 4500k칼로리거든. 양삼은 4200이야. 양삼으로 바꿀 수 있는 거지.

그러니까 생명의 문명으로 바뀌어야 하니까, 우리의 에너지는 생명에너지다, 그건 뭐냐, 식물에너지 바이오에너지 같은 얘기를 많이 하지만 그것보다는 이 모든 에너지의 원천인 태양이, 해가 생명에너지다. 그리고 물이 생명에너지다. 그런 얘기는 어렵지 않잖아. 그런 얘기를 해야 하겠지.

그러나 운동 현장에 따라 어떤 때는 생명의 문명을 더 강조하는 운동단체나 지역이 있을 거고, 생각과 생활을 바꾸는 데 강조점을 두는 교육운동 같은 것도 있을 거고, 산업구조를 바꾸는 운동도 있을 거고…. 그때, 그 장소에 따라 융통자재해야 하겠지. 그런데 크게 보면 이런 게 다 같이 가야 한다고.

그리고 이런 생각과 운동을 정치적으로 실현해야 해. 정책 활동과 정치 활동을 해야 한다. 그래서 정치세력을 만들든지, 기존 정치세력을 지원하든지 해야 하고. 사실 난 이 운동을 하는 이들이 잘 준비해서 정치세력을 만들었으면 좋겠어.

전범선　제 생각에도 그게 불가피할 것 같아요. 3·1운동 이상의, 어떤 전국적인 국민운동이 일어나지 않으면 안 될 거 같은 게, 기성 양당제 체제에서는 말씀하신 대전환을 정치권이 주도할 것 같지는 않거든요. 또, 현재 정치권력을 쥐고 있는 세대가 특정 세대에 한정되어 있다 보니까, 미래 세대라고 하는 10대나 20대, 30대에 대한 정치적 대표가 거의 안 되고 있기 때문에, 민간 차원의 국민운동을 조직해서 그걸 정치적 동력으로 삼아야 할 거 같아요.

그런데 그 조직을 어떻게 할지, 3·1 운동 같은 상상력이 지금은 많이 없어요. 저는 3·1 운동까지 이어졌던 동학운동의 교육 방식과 조직 방식에서 많이 영감을 얻게 되는 것 같아요. 물론 그걸 현 시대에 그대로 적용할 수는 없지만, 당시 동학에선 접주제를 통해 전국에서 조직을 했었고요. 또 말씀하신 영성적인 세계관, 대전환적 세계관을 품고 생활을 바꾸는 운동을 했었고, 더 중요하게는 종교조직을 기반으로 나중에는 3·1 운동이라는 정치운동으로 이어진 거잖아요. 그래서 바로 이 동학 모델이 우리가 참조할 수 있는 것이 아닌가 싶고요.

국민운동 패러다임
그리고 강사

전범선　　　그런데 선생님께서는 평생 다양한 방식의 운동을 해오셨지만, 말씀하시는 국민운동이라는 패러다임이 저에게는 조금 충격이었어요. 저희 세대는 그런 말을 써본 적이 없거든요. 국민운동이 아니라 시민운동을, 운동이 아니라 활동을 한다고 말하거든요. 이런 상황에서 왜 꼭 '국민운동'이 적절한 건지, 그 부분을 설명해주시면 좋을 것 같습니다.

정성헌　　　뭐, 심오한 뜻은 없어. 사회를 분석적으로 보는 분들은 대개 시민이라는 말을 써. 그런데 보통 사람들은 그냥 '국민'이라는 말이 익숙하고, 그게 좀 넉넉해. 누구나 말하기 쉽다고. 운동은 말로 이루어지는 게 많은데, 말은 보통 사람들이 쉽게 받아들이고 같이 정서를 공유할 수 있는 말이 좋거든.

　　　그리고 사회과학적으로 얘기하면, 우리는 사실 아직까지는 완성된 국민국가가 아니라고. 갈라지고 또 갈라져 있지. 물론 외부 세력에 의해서 우리의 정당한 국민국가 형성이 지체되거나 왜곡됐지만….

　　하여튼 국민이라는 말은 보다 더 많은 수가 함께 어깨를 걸고 나아가게 하는 포용적인 용어라는 점에서, 나는 그게 좋고. 정확한 말을 하려면 '천지인민'이 맞아. 그게 젊은 사람들에게는 의외로 뭘 더 줄지도 모르고.

　　그리고 조직화 얘기가 나와서 그런데, 조직 형태는 어느 게 가장 좋은지는 모르겠어. 그런데 이 생각을 한번 해보자 이거지. 사람이 살아가는 터를 생각해봐야 하는데. 대한민국으로 보면, 국민이라고. 그러니 대한민국이라는 커다란 어떤 공동체가 있는 거라고. 그런데 이게 갈라져 있지.

　　자, 지역공동체를 한번 생각해보자고. 공동체는 뭐냐면, 크게 세 가지, 즉 생태계, 산업, 문화의 동질성을 토대로 해야 해. 이 세 가지 공동유대가 있을 때 공동체가 있다고 느끼거든. 예를 들어, 강원도라는 도는 사실은 태백산백 오른쪽, 고성부터 삼척까지가 하나야. 생태계나 산업, 문화가 비슷해, 말도 비슷하고 음식도 비슷하고. 영서 북부와 영서 남부는 또 다르다고. 그러니까 강원도는 큰 공동체가 3개가 되지. 그런 식으로 보면 우리 대한민국은 30개 조금 넘는 공동체가 있는 거지. 그 다음 단계가 시군이고. 그것도 생태계, 산업, 문화의 동질성으로 보면 현재와는 상당히 달라지지.

그 다음에 소생활권이 있다고. 조금 전에 얘기한 읍면단위란 말이야, 이게. 그러고는 현장생활권이야. 그러니까 편의상 대생활권, 중생활권, 소생활권, 현장생활권인데, 현장생활권이 곧 마을이라는 얘기지, 또는 직장이라면 단위 기업이 그렇고.

운동과 생활을 일치시키는 조직 형태가 오래 가고 또 내용이 있는 거니까, 그런 조직 형태를 생각해보면 생활공동체와 그것을 규모 있게 살린 협동조합이 좋을 거야. 그러니까 수만 개의 생활공동체와 거기에 토대를 둔 아주 단단한 협동조합들. 협동조합이라는 조직 형식이 지금으로서는 내가 보기에는 괜찮은데, 더 좋은 조직은 연구를 해야지. 우리가 더 연구를 해야 해.

그렇다면 마을은 지역적인 공동유대고, 직장은 직장의 공동유대가 따로 있고, 그거 말고 다른 공동유대를 생각할 수 있잖아, 요새는. 디지털 공동유대 또는 어떤 취미의 공동유대도 있고. 여러 유대가 많잖아. 그런 생활공동체가 바탕이 되어 협동조합이 된다면 어떤 곳은 교육협동조합이 될 거고 어떤 곳은 돌봄협동조합이 될 거고, 어떤 곳은 생산자협동조합일 수도 있고, 그걸 겸할 수도 있고. 시장에 강한 영향력을 주려면 500명 이상, 5천 명 정도로 키워도 되고, 내부 결속과 인간다운 나눔을 중시한다면 500명 선으로 한다든지 그럴 수 있고.

이상적으로는 작은 생활공동체를 수만 개를 만드는 거지. 어디까지나 이상적이지만, 우리나라 마을이, 농촌과 도시를 다 합치면 10만 개거든. 10만 개가 조금 안 되지만, 크게 욕심을 내서 약 5만 개를 만들어내겠다는 욕심을 내야 해요. 그러면 5천 개는 만들어져요.

전범선　새마을운동중앙회는 강사 양성 프로그램이 체계적으로 돼 있던 것 같던데요. 교육을 받으면 강사 인증을 해주나요?

정성헌　내부에서 인증을 해주지.

전범선　인증 후에는 강의를 하러 다니는 건가요? 그 후의 다음 단계가 무엇인지….

정성헌　예를 들어, 필수주제가 기후위기와 대전환이라면, 그것에 관한 참고강의안을 보내주고, 이걸 토대로 당신이 강의안을 만들라고 해. 그 다음에, 자기가 잘 할 수 있는 게 있을 수 있잖아. 예를 들어 동물복지 이런 게 있다면 또 하나를 만들어봐라. 필수주제는 꼭 하게 하고. 그렇게 과제를 내준단 말이야. 그래서 3개월 시간을 주고 어느 날 다 모여서 2박 3일간 각자 준비해온 교안 제출하고 발표하고 평가하고, 수료증과 자격증을 주게 되는 거지. 졸업식도 하고. 그런 의식이 사실 중요한 거야. 그리고 헤어지기 전에 상당히 엄중한 시간을 내서 전체 평가를 하고 소감과 결심을 얘기하고, 1년간 각자가 현장 가서 교육하고 조직하는 계획서를 써내게 한단 말이지.

그 계획서를 보면 적게 하겠다는 이가 대개 1년에 5회, 많이 하겠다는 이가 대개 25회인데, 평균은 15~20회란 말이야. 대강 10회라고 잡고, 1회에 10명 참여한다고 하면, 1년에 100명이란 말이야. 그럼 거기서 30%는 우리 동조자를 찾아낼 수 있지. 그래서 계산이 나오는 거야. 이런 걸 조직운동이라고 그래.

전범선 동학도 그런 식으로 한 거잖아요.

정성헌 그렇지. '포장접'이라는 게 그런 거야. 그러니까 우리 실정에 맞게 하면 돼. 쉽게 생각해보자고. 우리가 이겨야 하잖아. 그럼 우리 편이 많아야 하겠지. 우리 편이 튼튼해야 우리가 이기지, 우리 편이 허약하면 오히려 분란이 일어나. 그래서 조직 생각을 반드시 해야 해요.

어떻게 튼튼한 조직을 만들 거냐. 그러려면 우선 친해야 하잖아. 소외되는 사람이 없어야 한다고. 그리고 뭔가 도움이 돼야 해. 정신적으로, 물질적으로 도움이 되고. 교회가 안 없어지는 게 특히 두 개가 되기 때문이거든. 그리고 수준을 높여서 단순한 이익이 아니고 보람이 있어야 하잖아. 뭘 변화시키려면 공부하는 조직이 돼야 하고, 경청을 잘 하는 조직이 돼야 하고. 회의를 잘 해야 된단 말이야. 누구나 다 얘기할 수 있게 해야 해.

《위지동이전魏志東夷傳》에 나오는 건데, 우리 조상들이 가무를 즐겼고, 호생好生했고, 즉 살생을 안 했고, 2, 3일씩 가무를 했다, 이런 기록이 있거든. 이게 뭐냐면 그게 신시神市인데, 신시라는 게 시장이라는 것도 되지만 일시적인 회의를, 화백和白 회의를 한 거라고. 직접 민주주의 회의를, 서로 뭔가를 교환하는 행위와 정치집회를 한 거라고. 그런데 그것만 하면 지루하니까 틈틈이 술 마시고 가무를 한 거야. 한국 사람이 원래 그렇다는 거지. 문화활동이 늘 함께한다는 거지, 회의할 때.

전범선　　저도 그런 게 머릿속으로는 그려져서 하나하나씩 실천해보고 싶은데요. 풍류를 생각하거나 말씀하신 신시 이야기를 생각했을 때, 요즘 시대에 요즘 세대들이 자기 방식으로 풀면 어떤 식일까, 그런 것을 생각해보게 됩니다. 모여서 춤추고 노래하고 조화로운 분위기를 만들고, 노는 것만으로 끝날 수 없으니까, 무슨 일을 같이 할 수 있을까, 먹고 사는 문제에 대해서 같이 고민하고 그 과정에서 사람들이 가까워지고. 상식적이고 충분히 실현가능한 운동이라고 생각하는데요. 아직 저는 해보지 않은 운동이에요. 저도 지금까지는 음악과 운동을 별개로 삼고, 둘을 분리했었으니까요. 살림운동을 생각했을 때는, 생활과 운동이 그러니까 삶과 살림이 같이 있어야 되는 거고, 신명을 살려야 곧 생명을 살릴 수 있다는 걸 느끼고 있어요.

어른을 보고
미래를 본다는 것

전범선　　　제가 선생님과 대화를 나누면서 가장 충격적으로, 저에게 깊이 다가왔던 어떤 역설이 뭐냐면요, 제가 2050년을 걱정하는데 그건 2050년에 안 살아봐서 그런 걸 수도 있지만, 30년을 더 안 살아봐서 그런 걸 수도 있잖아요. 이상하게도 이제껏 저는 기후운동을 하면서도 어차피 2050년 되면 어르신들은 다 안 계실 거고, 2050년 문제는 내 문제라고만, 우리 세대끼리 해결해야 될 과제라고만 생각했었는데요. 선생님과 대화를 나누다 보니 오히려 미래가 더 보이는 거예요. 단순하게는 정성헌 이사장님처럼 운동가로서 늙고 싶다, 이런 것도 희망이 되고요. 이런 게 없었을 때는, 2050년엔 뭐 하고 있지, 생각했을 때 모습이 안 그려지고 탄소 생각하면 그냥 끔찍하니까, 더 희망이 없었던 것 같은데. 역설적으로 저는 선생님이 미래를 살아보신 세대인 것처럼 느껴졌어요. 나이가 더 있다는 사실 자체가 나의 미래를 살아본 것처럼 보이니까.

　　　원래 그런 거구나! 원래 어른은 아이들 보면서 미래

를 보고, 아이들은 어른 보면서 저렇게 돼야지, 하며 자기 미래를 생각하는 게 너무도 자연스러운, 모든 생명공동체의 본질인데, 우리가 그걸 못하는구나!…그런 생각이 들어요. 우리 젊은 세대는 어른들을 보면서 다 꼰대 같다고 여기고, 내가 나의 미래를 상상할 수 있게 해주는 파트너로서 어르신들을 못 보고, 어르신들도 마찬가지로 아이들을 봤을 때 전부 휴대폰만 보고 있으니까, 쟤네들이 미래라는 생각이 잘 안 들고. 이런 게 지금 우리사회의 가장 큰 난관인 거 같아요.

저희가 어른을 보면서 미래를 상상할 수 있게 된다는 것. 이것이 이 대화를 하면서 제가 얻은 가장 큰 저의 수확이고, 이걸 전하고 싶어요, 다른 친구들에게. 그래서 세대간에 서로 어울릴 수 있는 장들을 많이 만들어보고 싶은 생각이 듭니다. 조금 전에 말씀하신 신시에도 아마 젊은 세대만 있지는 않았을 거예요. 다 있었을 거란 말이죠, 삼대가 어우러졌을 거란 말이죠. 이것을 만드는 게 생명살림 국민운동의 핵심이 아닐까….

정성헌 같이 할 수 있는 게 뭐가 있을까? 도시건 농촌이건 같이 할 수 있는 게 꽤 있는데, 도시에서는 가장 많이 같이 할 수 있는 게, 가장 쉬운 게 옷 모으는 거야. 처치 곤란한 옷이 많다고. 그래서 옷을 모아서 그것을 팔아서 기금을 만드는 방법도 있고, 어딘가에 기부하는 방법도 있고. 이론적으로는 다 알잖아. 예를 들어 인류가 80억인데, 인류가 1년에 생산하는 옷이 약 1천 억 벌 아냐. 그러니까 그걸 반으로만 줄여도 온실가스가 7%가 줄거든.

그러니까 쉽게 같이 할 수 있는 게 있어야 해. 농촌에서는 그게 뭐냐면 농약병, 폐비닐 모으는 거야. 청도에서는 1년에 사람을 총동원에서 1톤 짜리 트럭으로 600대를 모으고 대축제를 하잖아. 해마다 그 액수가 다르지만, 그걸 환경공단에 팔면 5천만 원~1억이야. 그래서 그 돈을 운동 비용으로 쓰거든.

그리고 요새 60+기후행동 분들 만나서 구체적으로 얘기를 하고 있어. 그런데 양삼심기 말이야, 용산기지 얘기를 실질적으로 해보자고. 지금 용산 미군기지는 2027년까지 정화해서 2028년에 넘긴다고 하는데, 자꾸만 오염된 토지의 정화 얘기만 계속되고 있어. 또 환경운동하는 친구들은 자꾸만 미군이 다 해서 넘기라고 하고 있는데, 그러는 사이 시간이 간단 말이야. 그래서 시민대중운동으로 "오염된 용산기지를 생물학적 방법, 물리학적 방법, 화학적 방법으로 우리 스스로 정화할 테니, 열어라" 이렇게 주장을 하고, 그렇게 해서 그 공간을 확보하면 할 수가 있어. 만약 1만 명이 1만 원씩 내면

1억인데, 거기에 양삼을 30만 평에 심으려면, (양삼의) 씨값이 약 7,500만원 들어. 나머지 밭갈이하는 것도 생각하면 1억이면 충분하거든. 그런데 미군기지 전부가 땅이 딱딱해진 게 아니고 일부는 부드럽거든. 그런 땅에 먼저 심고, 나머지는 밭갈이를 조금씩 하면 돼. 그래서 이곳을 우리의 활동터로 써야 한단 말이야, 요구만 하는 게 아니고.

그런데 그게 용산이든 어디든, 시작을 하는 게 중요해…1만명이 움직이면 홍보 효과로는 10만 명 효과는 볼 거다. 서울에서 하게 되면.

전범선 목표로 용산기지를 설정하는 건 매우 좋은 거 같아요. 미군기지에 들어가 땅을 정화하고 양삼 심고, 세대가 모여 함께하는 그림을 보여주면, 엄청난 상징성도 있고 파급력도 있을 것 같아요.

정성헌 나는 노장청 연대를 많이 생각하는 사람인데, 예컨대 용산기지 안에는 일부 보전할 땅을 빼면 거기가 약 60만 평 정도 되잖아. 아예 그 중 10만 평 정도를 농촌마을을 만들어보는 거야. 나는 이랬으면 좋겠어. 의미 있는 생태공원이라는 주제가 나오면, 언제나 전문가가 만들어서는 관리를 어떤 지방자치단체에서 하고, 나중에는 관료화되는 경향이 있어. 나는, 그렇게 하지 말고, 시민 주도로 관과 의논을 해서 농촌마을을 하나 만들었으면 좋겠어. 20~30가구가 아예 거기서 생업을 하게 하는 거지. 서울시 한복판에서. 과거 한국농업, 현재 한국농업, 미래 한국농업을 동시에 보여줄 수 있는 마을을 시범마을처럼 만들고, 용산공원을 그 사람들이 관리하면 돼. 예를 들어 어려운 노인네들, 외로운 노인네들 또는 소년 소녀 가장들이 자연을 체험할 기회가 없잖아, 여기서 하라는 거야. 그래서 한옥을 하나 잘 지어서 부모 없는 어린이 몇 명, 그 어린이들을 잘 보살펴줄 자원봉사자 몇 명, 오갈 데 없는 노인네들, 이런 사람들이 거기서 살게 해주는 거지. 사람은 같이 사는 게 최고의 복지거든, 돈보다도. 그런 공간을 그렇게 쓸 수 있다고 봐, 나는. 그런데 전문가라는 사람들은 이런 생각을 거의 안해. 생태공원 어쩌고 하지. 그래서 그곳을 자연과 어우러진 삶의 터로 약 1/6 정도를 쓰고, 거기에 노장청이 어우러져 살 수 있는 공간을 하나 만들어서 살 수 있게 하고. 그런 꿈을 제시하면, 나는 틀림없이 많은 이들이 호응하고, 특히 서울시 의원들이 일부라도 동의하리라고 봐. 또 동의를 하게 해야 하고.

전범선　　123 운동 관련해 지금 저의 구상은 3감하고 있는 사람들이 모여서 2식을 하자는 거고요. 구체적인 장소들을 정해서 하자는 건데요. 그런데 고려대, 서울대 같은 곳도 하고 용산기지도 하면 나중에는 DMZ에서 할 수 있는 것 같아요. 그래서 나중에는 전국에 있는 미군기지들 같은 곳에서 할 수 있을 것 같고요.

그런데 이런 것을 실천할 때 노장청 연대가 정말로 중요한 거 같아요. 청년들이 아무리 뭔가를 하고 싶다 해도, 설득할 수 있는 힘은 약하거든요. 저희가 하고 싶은 것에 관한 구상을 보여드리면, 그걸 보시고 안내를 해주시면 좋을 거 같습니다.

정성헌　　좋아, 그렇다면 계획은 청년들이 세우는데, 예를 들어 3감 운동하는 젊은이들이 2식으로 들어섰다 하면, 일반적인 2식을 함과 동시에 아름다운 2식이 되어야 해.

나눔 과수원 운동을 하나 하면 좋겠어. 나눔 과수원 운동은 아주 쉬운 거야. 어느 지자체하고만 얘기가 되거나, 땅 많은 어떤 사람하고 얘기가 되면 바로 되는 건데, 도시든 농촌이든 어디나 할 수 있어. 공유지가 있다면, 그 땅만 확보되면, 거기에 과수원을 만들면 좋겠지. 과수원을 하자고 하면, 우선 과수 묘목을 사야 하잖아, 그 돈을 내자고 해서 모금을 한단 말이야. 대개 과수묘목이 5천 원에서 3만 원 사이야. 평균 1만 5천 원 보면 돼. 그리고 서너 평에 하나씩 심으면 되거든. 그럼 100평이면 과수를 한 30그루 심을 수 있잖아. 그렇게 해서 조그만 과수원이 됐어.

그럼 그 돈 낸 사람들이 모여서 그쪽 토질과 지형에 맞는 과수를 심고, 다 심고 나서는 써붙이면 돼. 예를 들어 '정릉 나눔 과수원'이라고 쓰고, '이러이러해서 이런 나눔 과수원을 조성했습니다.'라고 쓰고. 그리고 두 가지를 더 쓰는데, 하나는 '과일이 익으면 누구나 따 드세요.' 우리가 심었다고 우리 게 아냐, 모두의 것이지. 자연이 해주신 거니까. 또 하나는 이웃을 생각하라는 뜻인데 '따 드실 때 이웃을 생각하고 다섯 개를 더 따 가시오.' 이렇게 쓴단 말이야. 너만 먹지 말라라는 뜻이거든. 그게 아름다운 마음이지. 그리고 그걸 만든 사람 일동이라고 써놓고. 그런 게 난 축제가 돼야 한다고 보는 거야. 아이들 데리고 와서 도시락 싸가지고 와서 얘기를 나누는 거지. 그리고 맨 밑에 써붙이기를 '나무도 밥을 먹습니다.'라고 하는 거야. 그리고 계좌번호를 써놓는단 말이야. 그게 '퇴비값 내시오'라는 뜻이야. 이렇게 좋은 말로 하면 사람들이 그런 걸 보면 상당히 미소를 지어. 내가 경험한 바로는 그래. 이거 참 아름답네, 이렇게 얘기한다고.

나눔 과수원도 그렇고 모든 운동이 그런데, 초기에 핵을 만드는 게 제일 중요해. 그러면 이게 핵 분열을 해. 그런데 반드시 서두르지 않아야 돼. 이걸 빨리빨리 하려고 그러다 보면 핵이 무르익질 않아서 잘 안 되는 수가 있어. 그리고 반드시 쉬운 거부터 어려운 거로 가야 된다고. 처음부터 어려운 운동은 안 되고, 당연히 쉬운 거부터 해서 어려운 거로 가라. 그 다음에 틈틈이 '아름다운 운동'을 같이 해야 하고. '인상 쓰는 운동'은 정말 오래 가지 못해. 작은 단위에서 자연스러운 축제 같은 게 될 수 있는 것을 자꾸만 생각을 하라고.

새로운 정치인
준비가 필요하다

전범선　저는 123 운동이 굉장히 직관적이고 좋은 거 같아요.

정성헌　그렇지. 123을 321로 실천하면 되지.

전범선　혹시 선생님께서 바라시는 게 있나요, 기대하시는 게?

정성헌　전체적으로는 '상유십년'인데, 우리가 최선의 노력을 해서 생활운동과 사회변혁운동을 통합해서 가야 할 텐데, 이런 걸 더 속도 있게 촉진할 수 있는 게 정치잖아. 그래서 이런 운동과 같이 갈, 상당히 좋은 친구들이 중심이 된 정치운동이 일어나야 해. 내년이 국회의원 선거고, 작년에 지방선거 했으니까 3년 있으면 또 지방선거, 교육감 선거가 있고, 그 다음에 또 대선 아냐. 그래서 지금 선거구와 정당법을 중심으로 정치개혁 논의가 되고 있고, 많은 시민사회단체가 이걸 상당히 중요한 과제로 삼고 있어서 과거보단 조금 더 속도감 있게 추진되겠지. 그런데 잘 된 다음에도 똑같은 사람들이 하니까, 정치개혁이 다 뭔 소리냐, 이거지. 그래서 사람을 준비해야 해.

대개 운동권에서 많은 사람이 국회로 갔는데도, 잘 안 된 이유 중 하나가 '조직에서 파견한 사람'이라는 정체성이 강력하게 있어야 하는데, 그게 아니고, 자기가 잘 나서 간 거라고 생각한다는 거야. 자기가 잘났다고 가서 기존 질서에 바로 포섭돼서 제대로 못했잖아. 만일 이 운동조직을 '대전환'이라고 해본다면, 이 대전환 조직에서 파견한 거라고, 시의회로 또는 국회로 또는 대통령으로 파견한 거야. 그러면 정치를 하면서 대전환 일을 해야지. 이 정도의 강력한 사명감과 결속력을 지닌 사람을 준비해야 해. 그렇지 않으면, 죽을 쑬 수는 있을지 모르지만 죽을 쒀서 또 남 좋은 일 하게 된다고. 나 그런 거 너무 많이 겪어봐서 잘 알아. 나하고 친했던 사람들 가운데 국회의원 된 사람이 150명은 될 거야. 그런데 제대로 한 사람이 손에 꼽혀, 몇 명 안 돼. 그건 파견의식이 없어서 그런 거야.

예를 하나 들고 싶은데, 일본에 협동조합, 평화운동가들이 있는데, 가나가와 공동체라고, 거기가 회원이 5천 명이에요. 거기 '현'이 우리나라로 치면 '도'잖아. 거기 현의회 의원의 과반수를 넘는 경우가 많아요, 이 공동체 출신들이. 그런데 그 현의원들은 분명한 원칙이 있어. 두 번만 해야 해, 현의원을. 두 번 하고는 다시 돌아와야 해. 다시 와서는, 만일 그 사람이 8년간 노인복지분과 일을 했다면, 그 사람은 와서 노인복지 관련 작은 공동체 사업체를 만들어. 이 조직에는 그런 소공동체가 아주 많아요. 그리고 현 의원직 상태에서 월급을 받으면 90%를 이 조직에 내야 해. 그런데 이게 아깝지 않죠. 자기 생업이 있으니까. 그리고 평소에 이 조직이 워낙 잘하니까 개인은 자기 조직 관리를 할 필요가 없어요. 이렇게 우수한 조직인데 5천 명 중에 90%가 여성이고 남성이 한 10%밖에 안 돼.

세계를 변화시킬
한국의 대전환 운동

전범선   사실 지금 말하는 '생명의 위기'를 해결한다는
것이…낙관적으로 봐서 3·1 운동 이상의 국민운동이 여기
서 일어나고, 그게 정치세력으로도 발돋움을 해서, 정당에
파견이 돼서 대전환을 한다고 해도, 일국의 변화로는 택도
없잖아요. 그래서 많은 사람들이 "어차피 중국이, 어차피
미국이 안 하는데" 이런 생각을 많이 하는 것 같아요. 세대
간 단절 이상으로, 중국과 미국 사이에 끼어 있는 한국의 어
떤 패배의식, 좌절감이 있는 것 같은데요.

저는 개인적으로는, 단순한 종교적인 희망일 수도
있지만, 만일 한국에서 우리가 이런 국민운동을 성공시키
면, 과거 3·1 운동이 인도와 중국의 독립운동에도 영감을
주었던 것처럼, 충분히 뭔가 새로운 움직임을 만들 수 있
을 것 같고요. 그러고 나면 왠지 한국이 중국과 미국 사이
에서 둘을 잘 중재할 수 있지 않을까. 물론 이게 과대망상
일 수도 있죠. 하지만 지금 핵전쟁의 위협이나 기후생태위
기의 해결을 위해서는 중국과 미국이 협력하지 않으면 안

되는데, 중국과 미국 사이에서 가장 절실하게 끼어 있고, 두 국가를 어떻게든 중재해야 할 동기가 가장 큰 나라가 한국, 대만 아니면 일본인 것 같은데요, 그 중에서도 특히 한국인 것 같아요. 그런데 지금 한국이 공교롭게도 역사상 가장 강력한 문화적인 힘을 가지고 있고, 세계의 젊은 세대에게 큰 영향력을 가지게 된 이 시점에서 앞으로 10년간 우리가 한국에서 어떤 문화적인, 정치적인 움직임을 만들어내느냐가 인류 역사에서도 중요할 것 같다는 생각을 요새 많이 해요. 과잉 의미 부여일 수도 있기는 한데…. 그런데 세계사를 돌아볼 때, 지금 우리가 할 일은 우리의 소프트 파워, 문화력을 이용해서 생명살림운동을 전 세계에 확산하는 것이 아닌가…이런 생각을 진짜 많이 해요.

　　한국의 문제를 해결하는 것도 어렵지만, 한국 문제의 해결만으로는 택도 없으니, 더 가야 하는데요. 선생님은 이 점에 대해 어떻게 생각하시는지, 선생님은 6·25때부터 '한강의 기적'이라고 하는 경제성장, 또 87년의 민주화 성취 등을 다 보셨잖아요. 그런 입장에서 제가 지금 말씀 드린, 어쩌면 과대망상적일 수도 있는 희망이 가능하다고 보시는지, 궁금합니다.

정성헌　　우선 자네 견해를, 자네의 구상과 견해를 더 듣고 나서, 내 얘기를 할게.

전범선　　　저는 사실 희망을 가지고 살아요. 만약 우리가
한국을 바꾸면, 우리가 운동을 열심히 해서 대한민국이라
는 국가를 대전환시킨다면, 아시아의 다른 친구들, 특히 한
류의 힘을 많이 받고 있는 친구들과 힘을 합친다면, 그 친구
들을 잘 설득한다면 희망이 있지 않을까. 더 중요하게는 북
한도 변화시키게 된다면, 이것도 상상의 나래를 펼치는 건
데요, 만약 한반도에서 이런 변화를 일으키고 성공한다면,
이 힘으로 생명살림운동을 세계적인 운동으로 만들 수 있
겠다는 생각을 하는 거죠. 지금 우리가 하는 기후생태운동
도 사실 서양에서 하는 운동을 우리가 가져와 하고 있는 건
데요. '기후정의'라는 표현도 마찬가지고, '멸종 반란' 같은
것들도 다 마찬가지고요.

　　　앞으로 중국이 주도하는 세계질서가 되는 상황에서
는, 이런 것도 회의적으로 느껴지죠. 그래서 앞으로 5년, 10
년 동안 한국의 운동을 조직화하고 경험하면서, 공부를 해
야겠다는 생각을 많이 했어요. 우선은 살림의 철학과 운동
을 체득하고 공부하고, 그리고 이 철학과 운동의 언어를 세
계 공용어로 사용되는 영어로도 풀어낼 수 있어야 할 것 같
다는 생각을 하는데요. 그래서 앞으로 5년, 10년 동안은 심

심할 겨를이 없을 것 같거든요.

　　그런데 정말로 이것 말고 다른 답은 없는 건지, 생명
살림운동의 세계화라는 게 과연 가능할지….

3대 생명자원의
자급·순환 체제

정성헌　　　결국 우리가 잘해야 하겠지. 우리가 잘 하면 미국과 중국 그러니까 해양세력과 대륙세력을 화해시킬 수 있고, 그러면 새로운 길을 가는 건데.

그렇다면 '우리가 잘 한다'는 게 뭐냐를 얘기해야 한다고. 남북이 하나 되는 게 가장 좋은 거라고 보는 사람들도 있지. 그런데 사실은 우리 내부가 잘 해야 해. 남쪽이 잘 하면 남북관계도 좋아질 거야. 난 북이 잘 할 수 있다고 생각하지 않는 사람이야. 우리가 잘 하면 북이 잘 될 수가 있다고.

그럼 '우리가 잘 한다'는 게 뭐냐. 예를 들어, 생명살림 국민운동을 성공시키고 그걸 세계화한다면 그 자신감과 영향력은 대단한 거지.

그렇다면 한국의 모습을 잘 살펴서 해야 할 텐데…한국의 몇 가지 특징이 있어. 그 중 하나가 3대 생명자원이 아주 빈약한 나라라는 거야. 에너지, 물, 식량, 이 3대 생명자원이 빈약하단 말이지. 좁은 의미와 넓은 의미로, 이 3대 생명자원의 자급·순환 체제를 어떻게 만들 거냐가 무척 중요하다고. 이 자급율과 순환율을 압도적으로 높이는 게, 조금 전에 말한 '우리가 잘 한다'는 것의 핵심이야, 내가 보기에는.

그렇다면 우리가 계획을 잘 세워서 꾸준히 하면 가장 빨리 할 수 있는 게 뭐냐면 에너지라고. 에너지를 전기 에너지로 바꾸는 건, 우리가 계획을 잘 세우고, 지금 정도의 기술과 예산이면 상당히 빨리 할 수 있어. 지난 달에 중국에서는 가정용 전기를 100% 자연 에너지화하는 걸 성공했다고 하던데, 그건 상당한 거야. 우리도 에너지 전기화 100%라는 계획을 세워서 해가면 어렵지 않다고 생각하고. 현재 우리나라 예산을 달러로 환산하면 5천억 달러가 넘는데, 이런 정도의 예산과 과학기술력이 있는데, 왜 그걸 못하냐고. 현재 2천만 가구가 조금 넘지. 엄밀히 계산해서 약 1,500만 가구를 대상으로 가정용 전기를 전기 에너지로 바꾸는 건 계획을 세우면 상당히 빠르게 할 수 있어. 자연 에너지 자급 계획을 세워서 그걸 중심으로 해서 밀고 나가면, 일시적으로는 원전이 보조 역할을 해주고 석탄 줄이면서, 갈 수 있다.

물 문제도 마찬가지인데, 우리의 자본과 기술력이면 물 스트레스 국가에서 그렇지 않은 국가로 가는 것도 가능하다고 봐. 그래서 나는 인제에 개울이 145개나 있기 때문에 생각을 많이 하는데, 댐 건설 반대를 많이 하지만, 그 지역 지형에 알맞은 걸 하면 된다고 봐. 난, 소수력, 초수수력에는 상당히 관심이 많은 사람이야. 물의 낙차가 1m 20cm만 돼도 작은 발전을 하는 것처럼, 물 흐름 속도가 어느 정도만 돼도 발전을 할 수 있어요. 자꾸 일조량이 부족하다느니 안 되는 쪽으로만 얘기하는데, 되는 쪽으로 보면 엄청나게 할 게 많다고.

전범선　　산간 개울 활용하는 초소수력 발전소도 충분히 가능성이 있다고 보시는 거예요?

정성헌　　그렇지, 그건 마을 자급형이지. 그래서 에너지, 물 문제를 꽤 조직적으로 단계적으로 하면, 많이 해결이 될 거야. 제일 어려운 게 식량 문제야. 이건 시간이 걸려. 지금 곡물 자급률이 20%선이잖아. 이걸 60%선으로 끌어올리고, 그 다음에 남북이 공동농업 계획을 세우면 100%까지도 할 수 있는데….

　　그런데 사람이 바꾸기 힘든 게, 먹는 습관이거든. 그래서 채식운동가들이나 동물복지 운동가들이 중요한 역할을 해야 한다고. 이 사람들이 전교조나 한교총 등과 긴밀하게 연결이 돼서 식문화를 바꿔야 해. 유치원부터 초등학교 급식을 완전히 바꿔서 말이야. 지금 이게 말이 되냐!는 거지. 학교 급식 하나 바꾸려면, 자기가 해보고 자신감을 가지고,

맛이 있어야 하고, 아이들 몸이 튼튼해지는 걸 봐야 한다고.

다른 사람은 안 된다고 하던데, 나는 된다고 해. 수치로 얘기를 해볼게. 1964년 대한민국 식량 자급률이 94%거든. 1970년이 80%. 그러니까 우리도 60% 이상 할 수 있다는, 수치를 보고 가지는 자신감이 있어야 된다고 봐. 그럼 왜 20%까지 떨어졌냐? 우선 농토가 1/3 줄었어, 1970년에 비해서. 농토가 그렇게 줄었는데, 인구는 3,200만에서 5,100만이 됐거든. 그러니까 곡물 자급율이 떨어질 수밖에 없고. 또, 과거에는 채식 중심이었지만 고기를 많이 먹으니, 곡물 사료 수입량이 엄청나게 늘었어. 어떤 때는 1,600만 톤을 수입할 때도 있잖아. 말이 안 되는 거지. 또, 비료와 농약으로 우리의 토양, 땅이 망가졌지. 하여튼 과거 수치를 보고, 우리가 바른 방향으로 노력하면 식량 자급률을 올릴 수 있다.

그리고 사람 입으로 들어가는 게 꼭 땅에서만 나오는 게 아니고 바다에서도 나오니까, 바다를 살리는 길이 식량 자급율을 높이는 거다, 이런 큰 계획을 세워야겠지.

그러니까 3대 생명자원을 어떻게 자급하고 순환할지, 그 계획을 세우는 게 정책의 제1순위가 돼야 해. 왜 이게 안 되냐, 하면 이것저것 다 벌려 놓기 때문에 안 되는 거야. 내가 보기에는 이게 1순위야. 향후 나올 새로운 정치세력이나 또는 기존의 정치세력도 이걸 1순위로 해야 복지, 연금, 취업 같은 문제도 같이 풀린단 말이야. 그렇게 된다면 대학교나 싱크탱크의 기능도 확실히 다 바뀔 거라고 봐. 위기가 절실할 때는 모든 걸 거기로 집중하고 거기서 나온 모든 결과물이 다시 분산되고, 분산된 게 다시 수렴되고. 이렇게 돼야 성공한다 이거지.

그리고 생명살림운동이 성공하려면, 이런 국가 정책이 성공하려면 우리나라 교육이, 교과과정이 다 바뀌어야 하겠지. 그렇게 되면 거기서 엄청나게 창의적인 게 나올 거예요. 그래서 내가 정치혁명과 교육개벽이 제1의 과제라고 늘 얘기하는 거야.

동학의 완성을
향한 길

전범선   지금 우리가 '대전환'이라고 말을 하는 게 저는 동학의 완성처럼 느껴지고요. 서세동점의 시대 때, 서구 문명에 대한 반작용으로 나왔던 사상인데, 동학이 목표로 했던 것은, 말씀하신 천지인민을 바라보는 마음으로 서구의 이원론적 사상적 틀을 거부하고 바로 그 시각으로 세상을, 천지를 개벽하기를 바랐던 거잖아요. 그런데 그걸 실행할 물질적인 기반이 최근까지 힘들었죠, 한반도에서. 우리가 세계사적인 영향력을 가질 수 있기는 쉽지 않았던 거 같고요. 그런데 2040년, 50년까지의 시간표상에서는 이런 흐름이 분명 뒤집힐 거라는 게 충분히 예상되고, 즉 중국이 미국을 앞설 것이고…. 한국도 어떤 분기점에 서 있죠, 지금. 한국이 현재의 문화적 영향력, 역동성을 유지한다면 더 나아갈 수 있겠지만 그렇지 않다면 일본의 전철을 밟을 수도 있는 지금의 상황에서, 우리가 생명살림운동을 통해 대전환을 한다면, 그리고 그게 세계로 퍼져나간다면, 그것이야말로 동학의 완성이 아닌가, 그런 생각을 저는 합니다. 물론

3·1 운동도 동학운동의 흐름, 그것의 폭발이었고 유의미 했다고 생각하지만요. 하지만 3·1 운동은 실제적 독립을 쟁취하지 못했어요.

그런데 말씀하신 밥(식량)과 불(에너지)과 물만이 아 니라 하늘까지도 생명자원으로 봐야 된다고 생각하는데요, 대기 오염이 워낙 심각하니까요. 그런 의미의 하늘과 밥과 불과 물을 다루는 살림의 정치를 우리가 실현한다고 하면, 그게 진정한 동학의 완성이고, 그때가 되어서야 비로소 우 리는 서구 근대문명이라는 패러다임이 확실히 바뀌었다고 느낄 것 같아요.

그래서 앞으로 미래를 보면서 어떤 믿음을 가지고서 운동을 전개해야 할 거 같아요. '이게 될 거'라는 믿음이 있 어야 하는데요. 최소 150년 전부터, 길게는 사실 신라 때부 터 있었던 어떤 우리의 열망이, 그 세계관이 정치적으로나 생활에서 구현된다면, 지구문명, 지구살림에도 답이 되겠 다는 믿음을 저는 가지게 되었습니다.

정성헌　　내가 기후위기, 대전환 이런 얘기를 할 때 말하 는 구호가 있는데, 그게 뭐냐면…모든 집을 발전소로, 모든 집을 저수지로, 물을 모은다 이거지, 모든 집을 농토로, 모든 집을 학교로, 그리고 여기에 화룡점정畵龍點睛으로 하나 붙이는 게 있어, 모든 집을 꽃밭으로. 뭔가 보기 좋은 게 있어야 해, 아름다운 게. 이렇게 나아가면, 아마 삽시간에 바뀔 거다, 이렇게 얘기하지.

그래서 결코 쉬운 일은 아니지만. 그렇게 또 어려운 일도 아니다. 조건은 엄혹해도 할 수 있다는 자신감과 용기를 가지고 나아가면, '상유십년'이라 하지만, 우리가 잘 하면 이게 20년이 될 거란 말이지. 그래서 2040년, 2045년에는 기후 궤도 이탈이 되는 게 아니라, 그 시점이 뒤로 갈 거라고. 그런 점에서는 나는 낙관주의야. 비관적 낙관주의자이지.

전범선 저는 모든 집을 생명의 사원으로 만드는 것이라는 생각이 들어요. 발리에 가보니, 거기가 힌두교 문화권이다 보니 집집마다 사원이 있더라고요. 말씀하신 것들이, 생명자원을 어떻게 순환시키고 자급할 수 있을까에 관한 고민인 건데요, 사실 그건 생명살림의 사원을 짓는 거죠, 집집마다. 그리고 우리 각자가 사제가 되는 거죠. 그게 선생님께서 말씀하시는 동학의 핵심 교리이기도 하고요. 우리 모두가 하늘을 모시고 있는 사람들이니까요. 채식운동하는 사람들이 이런 얘기를 많이 하거든요. 성경에서도 이런 얘기가 나와요. 너의 몸이 사원이니라. 또 어떻게 보면 우리 몸이 또 정원이죠. 우리 몸이 소우주니까요. 우리 내장에다 텃밭이 있으니까요. 그런 마음으로 접근하는 게 생명살림운동의 기본 자세라는 생각했어요.

정성헌　　　결론을 잘 내렸네. 그런데 내가 현장교육할 때 늘 하는 말이 있어. 아는 게 참 중요하잖아. 그런데 제대로 안다는 게 뭐냐. 사람은 아는 만큼 관심을 갖게 되고, 관심을 갖는 만큼 아끼게 되고, 아끼는 만큼 사랑하게 되고, 사랑하는 만큼 변화한다. 그러니까 제대로 알자, 공부를 하자.

　　　그리고 또 하는 말이 있어. 생각은 크게 하되 계획은 구체적으로. 그리고 이념과 관념을 떠나 현실에서, 현장에서 바른 것을 추구하자. '실사구시實事求是'라는 거지. 인생 자체가 그래야 되지만 운동은 특히 '정도실천正道實踐'을 해야 한다고. 올바르지 않으면, 또 뭐든 빨리빨리 하려고 하면 망해.

　　　지금 우리나라가 압축성장에 성공한 나라잖아, 경제적으로 민주화도. 압축민주화에 성공해서 지금 압축쇠퇴가 빨리 일어나는 거야. 지금 그래서 많은 사람들이 불안해하고 있다고. 확 무너지는 거 아니냐, 그런 공포심을 가진 사람이 많아. 그런데 압축성장이니까 압축쇠퇴가 자명하다는 공포감이 아니라, 이 기회를 통해서 가장 바람직한 변화가 뭔가를 찾아야 해. 지금 좋은 기회가 온 거라고. 내가 보기에는 '압축대전환'의 기회라고. 뭔가 새로운 걸 할 수 있을 때가 왔단 말이야.

　　결국 아는 만큼 관심을 가지게 되고 사랑하고 변화가
되는 거지. 나는 이렇게 마무리를 하고 싶네.

정성헌의 귀띔 40가지

1. 보고 싶은 사람이 돼라. 먼저 보고 싶은 사람이 되어야 한다. 훌륭한 사람은 보고 싶은 사람과 똑똑한 사람을 넘은 그 무엇일 것이다.

2. 보이지 않는 사람의 마음을 보라. 그 마음을 잘 헤아려라. 사람의 마음을 모셔야 조직이 오래 간다.

3. 남이 있어야 내가 있다.

4. 다른 사람을 자기처럼 아껴라. 나 아닌 다른 사람을 널리 알리고 칭찬하라.

5. 사람을 말이 아닌 마음으로 대하라.

6. 따뜻한 사람이 돼라. 살아있는 운동은 부드럽고 따뜻하다.

7. 크고 깊은 사람이 돼라.

8. 마음의 스승을 모셔라.

9. 욕심을 버려야 평화로워진다. 불안의 근본 원인은 욕심이다. 제일 질긴 것은 명예욕이다.

10. 나의 분신을 찾아라. 나와 뜻을 함께할, 나보다 더 훌륭하게 일할 좋은 사람을 찾아라. 그런 사람이 많아야 튼튼한 조직이 된다.

11. 크게 생각하고 멀리 보되, 실행에서는 작은 일부터 구체적으로 면밀하게. 함께할 수 있는 작은 일부터 시작해 점점 큰 일을 하고, 중간에는 아름다운 일도 하는 게 좋겠다.

12. **빨리보다는 제대로가 중요하다.** 작게 시작하더라도 수준과 힘이 있는 조직을 꾸리면 나중에 커질 수 있다.

13. **돈 이야기가 아니라 큰 사람 이야기를 하라.** 돈을 앞세우면 운동은 망한다. 자본, 경영이 아니라 평화, 생명, 공동체를 이야기하라.

14. **운동은 처음부터 끝까지가 교육이다.** 교육에 충실하라.

15. **그 사람이 주체가 되게 하라.** 남을 운동하게 만드는 게 운동이다.

16. **강사가 돼라.** 강사가 되면, 누군가를 직접 가르치면 자신감과 사명감을 가지게 된다.

17. **쉬운 말을 써라.** 알아듣기 쉬운 보통 말로 말하라.

18. **언행을 반드시 같게 하라.** 주장하는 것을 반드시 실천하라.

19. **거짓말, 감언이설은 하지 마라.** 그런 말은 자신과 남을 같이 망가뜨린다.

20. **반드시 현장을 조사하라.** 현장을 조사하면 그 과정에서 사람을 발견하게 된다. 또한 사실에 바탕을 두고 운동할 수 있게 된다.

21. **운동형에서 시작해서 생활형, 시장형으로 나아가라.** 동호인 모임을 협동조합으로 키워라.

22. **보람과 이익이 통합되는 삶을!**

23. 자기변화와 사회변화를 함께 추구하라. 자기는 변하지 않으면서 사회변화만 말하면 오래 가지 못한다. 나의 평화로부터 평화로운 공동체를 만들 수 있다.

24. 공을 세우려 하지 말고 일이 되도록 하라. 자기가 잘 되려 하지 말고 운동이 잘 되게 하라.

25. 중심이되 중심이 아니어야 성공한다. 중심 역할을 해야 하되, 남에게 늘 넉넉하게.

26. '오죽하면 그러겠냐'는 측은지심을 가져라.

27. 무신불립無信不立! 신뢰가 없으면 아무것도 할 수 없다.

28. 서로 친해지는 것부터 해라. 토론은 그 후에 해야 의미가 있다.

29. 그윽하고 큰 꿈을 꾸고 말하자.

30. 우리 마을을 아름답게 가꾸자. 주변부터 시작하자.

31. 흙에서 생명과 따뜻함을 배워라. 흙을 만지면 사람이 달라진다.

32. 풀을 아끼는 게 곧 나를 아끼는 것이다.

33. 생명의 열쇠로 평화의 문을 열자.

34. 생명에 이롭고 평화에 도움이 되도록.

35. 남북이 힘을 합쳐 한반도를 생명의 공동체로!

36. 시민을 넘어 천지인민. 국민 5% 즉 250만 명이 세상을 바꿀 수 있다.

37. 인간사회 민주주의를 보완하며, 생명사회 민주주의로 나아가자.

38. 기후운동, 용기와 자신감을 가지고 전진하자.

39. 상유십년尚有十年! 우리에게는 아직 10년의 시간이 있다. 3년간 해보고 1년 조정기를 거쳐 다시 3년씩 두 번 더 해보면 세상이 바뀔 것이다.

40. 스스로, 함께, 꾸준히.

정성헌이 말하는 대전환

- **불(에너지), 물, 밥(식량)** 3대 생명자원의 자급·순환을 제1 정책으로.
- **생각을 바꾸자.** 과학기술주의, 시장주의적 사고를 벗어나 생명의 세계관으로.
- **생활을 바꾸자.** 생명과 자연은 유한하다. 아끼고 모시고 살리자.
- **세상을 바꾸자.** 생활실천운동을 하며 사회구조와 산업구조를 바꿔 나가자.
- **문명을 바꾸자.** 모든 집을 발전소로, 저수지로, 농토로, 학교로, 꽃 밭으로!

1건 2식 3감

1건 　유기농+태양광 발전이 답입니다 　建

석유화학농법

- 온실가스·미세먼지 증가
- 지구온난화 가속
- 땅심地力이 죽고
- 건강을 위협하는 먹거리

유기농법

- 온실가스 흡수·고정
- 미세먼지 2차 결합 없음
- 땅심地力을 살리고
- 생명의 먹거리 생산

2식 　나무와 양삼(케나프, Kenaf) 심기로
온실가스를 줄입니다 　植

- 심을 수 있는 모든 곳에 나무와 양삼을 심읍시다
- 나무는 심은 후 20~30년이 지나야 이산화탄소 흡수가 왕성해지기 때문에
  시간을 벌기 위해서는 이산화탄소 흡수율이 좋은 양삼을 심는 게 좋습니다
- 양삼의 이산화탄소 흡수율은 소나무의 9배, 상수리나무의 10배

3감 에너지, 플라스틱, 수입육고기를 줄이는
생활운동이 온실가스를 줄입니다 　減

- 전기 사용 줄이기
- 가스 사용 줄이기
- 수돗물 아껴쓰기
- 대중교통 이용하기

에너지 ↓

- 장바구니 사용하기
- 다회용컵 사용하기
- 배달음식 자제하기
- 분리배출 철저히 하기
- 제로웨이스트 샵 이용하기

플라스틱 ↓

- 건강한 채식 위주 식사
- 신선한 우리 농산물 먹기
- 육고기 대체식품 먹기
- '육식 없는 날' 정하기
- 생선류 섭취량 줄이기

수입육고기 ↓

유기농+태양광 발전

온실가스 배출량 제로 태양광 발전과
땅, 인간, 지구 생명을 보호하는 유기농법을 동시에

양삼

쉽고 효과적이고 생산성 높은
온실가스 감축법

양삼(케나프, Kenaf)의 장점

온실가스 흡수력

CO₂

이산화탄소
상수리나무 **10배**
소나무 **9배**

N₂O

아산화질소
해바라기, 옥수수의
30배 이상

미세먼지 발생량

Pm2.5

연소 시
미세먼지 발생량
석탄의 **1/4**

석탄화력발전 우드칩 대용

양삼 1kg의 열량

▼

4200K칼로리

토양오염 정화력

질소·인산 흡수력 높음

▼

축산분뇨 오염지역 정화에 좋음

축산 사료 효율

순수단백질 함량 **15%**
(옥수수보다 3~4% 높음)

가소화 함량 **65% 이상**
(청보리보다 2~3% 높음)

※가소화: 동물이 소화할 수 있는 양분

2차 생산품

5만 가지 이상

청바지 생산원료

건섬유
1헥타아르(3,000평)당
7~20톤 생산
(평균적인 나무숲보다 400% 많음)

정성헌鄭聖憲 약력

1946년 춘천시 남산면 중농 가정에서 출생하다. 현재 7명의 가족공동체를 꾸리고 있다. (아내 이신원, 큰 아들 정평, 며느리 구혜진, 손자 선柚, 둘째 아들 정화, 며느리 박민선)

가톨릭농민회 전국본부에서 16년간(1977년~1993년) 일하며, 현장의 중요성, 협동사업의 기본을 배우다. "조사 없이 운동 없다", "운동은 처음부터 끝까지가 교육이다", "개인변화와 사회변화가 통합되는 과정이 참된 운동"임을 체득하다.

우리밀살리기 운동본부 본부장으로 일하며(1991년~1998년) '사업형 운동'의 보람과 어려움을 배우다. (15만 8천 명의 대중 출자, 첫 해 매출 7천만 원에서 128억 원까지 매출 팽창. 본부장 이름으로 98억 원 대출 받기, 원리금 상환의 엄혹성 등)

생협 조직 2회, 생협조합장 역임, 생협법 입법추진위원장 등 생활협동조합 관련 일을 하며 여성, 특히 전업 주부들의 중요성을 확인하다.

고향으로 돌아와 **남북강원도교류협력** 18년(1998년~2016년), **한국 DMZ평화생명동산** 25년(1998년~현재)을 겪으며 '내부통합'의 중요성을 절감하다. 교육운동과 주민운동의 성과와 한계를 자주 확인하다. 민관의 진정한 협력이 어려우면서도 결코 어렵지 않다는 것을 확인하다.

구속 4회(내란. 긴급조치. 국가보안법), 벌금 2회, 수배 4회를 겪으며 민주주의, 자유, 가난한 사람들의 숨결을 감지하였고, 선후배들의 의리와 종교단체의 보살핌을 온 몸으로 배우다. (1964년~2017년)

교통사고로 3회, 위암으로 1회 수술하다. (1988년~2003년) "잘 하려고 설치지 말고 잘못을 덜 하자"는 결심을 하다. "생명이 생명을 먹고 생명을 생명에게 맡긴다"는 화두를 만나다.

새마을운동중앙회 회장 3년(2018년~2021년) 재임 기간 동안 회원들과 높은 합의(70% 이상) 속에서 새마을운동을 생명, 평화, 공경 운동으로 대전환하다. 2020년 기후위기와 생명의 위기를 극복하기 위해 '생명살림 국민운동'을 선포하고, 500만 명 대중운동 조직을 시작하다. 우리사회의 모순을 극복하기 위해서는 '개혁'보다는 '치유'가 합당하다는 것이 증명된 값진 3년을 보내다.

2021년 3월, 한국DMZ평화생명동산으로 복귀하다. 현재 기후위기와 생명의 위기를 극복하는 생명의 길, 새로운 길을 위해 '생명살림 노장청기후연대'가 긴요함을 역설하고 있으며, 정치혁명과 교육개벽을 열망하고 있다.